乔小主——著

丹砂美人

——巴清传

華中科技大學出版社
http://www.hustp.com
中国 · 武汉

图书在版编目(CIP)数据

丹砂美人赢天下：巴清传 / 乔小主著. —武汉：华中科技大学出版社，2018.1
ISBN 978-7-5680-3171-4

Ⅰ. ①丹… Ⅱ. ①乔… Ⅲ. ①巴清—传记 Ⅳ. ①K828.5

中国版本图书馆CIP数据核字（2017）第173724号

丹砂美人赢天下：巴清传
Dansha Meiren Ying Tianxia: Baqing Zhuan

乔小主　著

策划编辑：娄志敏
责任编辑：黄　验
封面设计：三形三色 QQ: 2278149987
责任监印：朱　玢
出版发行：华中科技大学出版社（中国·武汉）　电话：（027）81321913
武汉市东湖新技术开发区华工科技园　邮编：430223
印　　刷：中华商务联合印刷（广东）有限公司
开　　本：880mm × 1230mm　1/16
印　　张：13
字　　数：170千字
版　　次：2018年1月第1版第2次印刷
定　　价：39.80元

本书若有印装质量问题，请向出版社营销中心调换
全国免费服务热线：400-6679-118　竭诚为您服务
版权所有　侵权必究

前言

这世间，所有女子的容颜，都会在时光的风沙里化为虚无，唯有智慧与自信演绎的故事才永不会落幕。所以，在那璨若星河的历史中，关于女子的故事，大都只是寥寥数语，越往深处，越模糊。可当人们翻阅到《史记·货殖列传》中的一段文字时，却不由得一惊。

在文中，惜字如金的司马迁曾这样写道："而巴寡妇清，其先得丹穴，而擅其利数世，家亦不訾。清，寡妇也，能守其业，用财自卫，不见侵犯。秦始皇以为贞妇而客之，为筑女怀清台。夫倮鄙人牧长，清穷乡寡妇，礼抗万乘，名显天下，岂非以富邪?"

毋庸置疑，这个被唤作巴清的女子，受到了司马迁的高度赞颂。而从这样的字里行间，我们更是可以窥探到一些令人惊讶的信息。

她并非是王公贵胄，只是大秦帝国里的一介平民，一个失去了丈夫的寡妇。又或许正是因为这样的身份，使得发生在她身上的一切更具传奇色彩。

一个失去了丈夫的孤弱女子，在那样一个时代所要面临的必定是我们无法想象的磨难。痛苦直击人心，却也让她更加坚强。

她能做的抉择，无非是进与退，要么沉沦，要么崛起。当磨难袭来，她擦干了泪水，收起了脆弱，勇敢地站了起来。

一步步的坚守，一次次的突破，让她褪去了孤独无助的外衣。她开始参与家族企业的经营，她认真地钻研和学习，学着盘活生意，学着管理和布局，学着在竞争中求发展……

风雨坎坷中，企业不断壮大，而她已不再是从前的巴清。所有的名利财富都水到渠成。她成了富甲一方的女企业家，经营着庞大的丹砂企业，形成了自己的垄断集团，受众人敬仰。

就是这样一个女子，在那个等级森严、重农抑商的时代受到秦始皇这位千古帝王的礼遇，成了秦始皇尊贵的客人，被授予“贞妇”的美名……

时光如汪洋，淘洗世事，沉淀下了珍贵的历史。几千年后，她留给人们一个仰望的背影和一串谜题，等待我们去品读，去探索。

目录

第一章 谜面·风云历史中的精彩一角

第二章 商贾·绽放于秦王朝的女首富

第三章　错位·当平民寡妇遇见千古帝王

第四章　丹砂·血红色的历史密码

第五章 运筹·丹砂女王的商业帝国

第六章 线索·小人物联结大历史

第七章 特例 · 秦始皇的最高礼遇

第八章 恒远 · 永不熄灭的辉煌记忆

第一章

谜面

风云历史中的精彩一角

埋藏千年的风烟往事

让一个女人绽放光芒的，可以是刻骨铭心的爱情，也可以是独立、自信、卓越、智慧和才能，还可以是一番伟大的事业。于是，我们在漫游历史长河时，看到了这样一个令人惊艳的身影。

她是一个女人，却活得比男人更强大；她并不是美女，却得到了比美女更大的荣宠……

她的故事开始于两千多年以前，然而顺着时间的洪流，一直流淌到了今天。

在她身上，有着无数光鲜的标签——最令人称道的是秦始皇的座上宾、富可敌国的商人。

而抛开这些身份，她只是巴清，一个敢于主宰自己命运的女子。

在波澜壮阔的历史舞台上，她大放异彩，让人无法忽视，无法遗忘。

时至今日，人们看到这一段历史时仍不禁感到诧异，在两千多年前的秦朝，这位偏居西南小镇的寡妇，是如何一步步成为富可敌国女富豪，又为何让秦始皇如此反常地对她礼遇有加?

有人甚至曾做了大胆的设想，说巴寡妇清是秦始皇的恋人。这是人们的惯性思维，似乎男人与女人之间的特殊关系，大都源于爱情。

但事实并非如此。所谓的爱情，对于秦始皇来说，只是一种缥缈的情绪。他更珍视的，是他的王位、他的王权，以及那些值得他敬服的东西。

所谓的爱情，对于巴清来说，只是她年少时的一抹云烟记忆。她守了几十年寡，把所有的精力都用在了家族产业的经营中。

而当巴清进入秦始皇的视野时，她已经过了貌美如花的年龄，已是一位老态龙钟的妇人。从年龄上来看，她也要比秦始皇大十多岁。

一统天下的千古帝王，又怎会迷恋一位年长于他的寡妇?

也曾有人说，是因为巴清捐助了长城的修建，秦王嬴政才会对她另眼相待。可在权力高度集中的秦王朝，想获得民间的资金支持其实很容易。

可以看出，秦始皇之所以礼遇巴清，更多是出于发自内心的敬服和尊重。

他与她，那么远。帝王与平民之间，隔着难以跨越的阶级。

他与她，又那么近，一个是纵横天下的霸主，一个是驰骋商海的商人。

所以，两千多年前，忙碌了一生的巴清，在晚年得到了连丞相都难以企及的殊荣。秦王嬴政为了让这位他敬重的女性能够安享晚年，派人将她接到了大秦帝国的都城咸阳养老，更是赐令她“旁坐”的殊荣。

怎奈上天并未因帝王的欣赏而对巴清格外开恩，操劳一生的巴清还没有好好享受这份荣耀就身患重病。

焦急的秦始皇百般问药，遍请名医为她医治，并守在她的身边，默默祈祷。

一天深夜里，巴清在睡梦中停止了呼吸，悄然地离开了这个世界。时光带走了她一世风华，带走了她闪耀的生命，却给秦王嬴政带来了深深的怀念和悲痛。

忍着不舍与心痛的秦始皇听从了巴清的遗愿，把她的尸骨带回到了她的故乡，在长寿的龙山寨里厚葬，并亲笔题写下了“怀清台”三个字。简洁的三个字，却透出了深深的怀念之情，而这是秦皇的母亲都没能享受到的殊荣。

这样的举动，史无前例，也让无数人匪夷所思。

王安石曾费解又略带嘲讽地说秦始皇，“秦王不知此，更筑怀清台”。

两千多年过去了，世界发生了翻天覆地的变化。但时至今日，我们仍然可以寻到龙山寨的遗址，这里遍植橘林，山势险峻。而在那片林海深处，我们清晰可见一处长方形台地的痕迹，秦始皇的思念就这样一直流传到了今天。

在巴清离世后不久，秦始皇也走完了他辉煌的一生。

传奇里的主角在两千多年前就早已走出了时间，完美地谢幕。可时至今日，她的传奇故事依然鲜活地传颂着。

时光的镜头一转，故事就翻转到了最初的起点。

彼时，是风云悸动的诸侯争霸时期，秦国作为后来崛起的国家在这场争霸中吃了不少苦头。秦王朝的统治者凭借卓越的政治智慧，在夹缝中生存并壮大，甚至一度成了各国联合讨伐的对象。

秦国的先王虽然没有完成统一的霸业，却给自己的子孙打好了基础。到了秦王嬴政继位后，更是将秦国又推上了一个崭新的台阶。秦始皇于公元前221年灭六国，统一了中国，打开了全新的局面。

大时代的轨迹，承载着小人物的命运。

在偏居西南的巴郡枳县，一个叫清的女婴来到了这个纷繁的世界。清的具体生辰淹没在了浩瀚的历史中，无从考证。我们唯一可知的是，彼时正是秦惠文王执政时期，而清出生在巴郡设置之后。

清最初的人生轨迹，是寻常而平淡的。所以，她的姓氏后人也很难考证。而因为她出生在巴郡，所以人们将她冠以“巴”姓，称之为巴清。

年幼时的巴清，不懂得大时代的变革，她只是在自己的岁月里，快乐地成长。父母的教养，使得她在渐行渐远的时光里出落得乖巧可人，亭亭玉立。

长大后，她迎来了一场婚礼。这场婚礼，或许是出于爱情的偶遇，又或许是媒妁之言。最终，巴清嫁到了一户富裕的人家。

也正从此时开始，从前的故事渐渐淡化，藏在了她的心底，也融于历史的烟尘中，而属于她的传奇，即将华丽开场。

扑朔迷离的身世之谜

光阴在弹指间，化作梦幻空花。岁月荏苒，人总有一些故事，可以话说当年。无论人间烟火如何熏染，有些故事依然充满梦幻的色彩，成为解不开的谜团。

因为守寡，又生于巴地，人们总是喜欢称她为“巴寡妇清”，后来直接叫她“巴清”。

时光的风吹了千年，也不曾吹落巴清脸上那层神秘的面纱。多少人想要透过那层面纱，看清楚巴清的真实面貌，然而时隔千年，巴清的身世依然是个解不开的谜团。

想要了解巴清的身世，似乎总是躲不开她的出生地，也就是被称为“巴国”的重庆西南部地区。

传说在商周时期，巴人建立了巴国，与蜀国相邻。因为后来被秦国所灭，巴国也就改称为巴郡。从此以后，巴人不再被排除在华夏文明之外，而是成了其中的一部分。

然而，即便是关于巴清的出生地，现在也依然存在争议。有人认为，秦国当年所灭的，是姬姓之巴，当时数巴并存，却并不属于同一族。

还有人认为，当时并没有单独的巴族存在，在先秦时期，至少有四个巴国并存，分别为：廪君之巴、宗姬之巴、巴夷賨国和枳巴。廪君之巴在夷水一带，属于蜒族；宗姬之巴在汉水一带，属于华夏族；巴夷賨国在渝水一带，属于賨族；枳巴则在涪陵水会一带，属于獽蜒族。

关于廪君族的形成，还有这样一个传说：相传巴氏、樊氏、瞫氏、相氏、郑氏五姓共同生活在一个名叫“武落钟离山”的地方。这五个姓氏部族分别有各自的首领，既然聚在一起，便要选出一个共同的族长。

于是，众人想出了一个办法，那就是看谁能将短剑掷中半山腰的石穴，并且还要看谁能在江中乘坐陶船而不沉。

最终，年轻的巴氏首领务相取得了胜利，也就是后来的廪君。于是，由他统领的这个五姓结盟的部落群体，也就被称为“廪君族”。

如果说巴清的故乡是如今的重庆一带，那么她的祖先很可能就不是在夷水一带的廪君族，而是在涪陵水会一带的獽蜒族。

到了今天，巴清的出生地究竟应该划分到哪里，仍然众说纷纭。晋人常璩曾经在《华阳国志·巴志》中认定巴清是巴郡枳县人，也就是如今的涪陵人。

《华阳国志·巴志》中这样写道：

> 《洛书》曰：人皇始出，继地皇之后，兄弟九人分理九州，为九囿，人皇居中州，制八辅。华阳之壤，梁岷之域，是其一囿，囿中之国则巴、蜀矣。其分野：舆鬼、东井。其君上世未闻。五帝以来，黄帝、高阳之支庶世为侯伯。及禹治水，命州巴、蜀，以属梁州。禹娶于涂山，辛壬癸甲而去，生子启，呱呱啼，不及视，三过其门而不入室，务在救时，今江州涂山是也，帝禹之庙铭存焉。

不过，这段看似是在追述巴国历史的文字，其实是在追述巴国统治者的历史。除此之外，《长寿县志》认定巴清是长寿人。到了后来，彭水也找出了许多证明巴清是彭水人的证据。不过，根据对历史文字与遗迹的种种分析，巴清很可能是重庆酉阳人。

之所以这样说，并非没有道理。其中最重要的一个理由，便是酉阳在上古时期为梁州与荆州的接壤之处，到了春秋时期，则为巴之南鄙。到了秦国时期，又属于巴郡。这也就与秦惠文王设立的巴郡产生了关联。

另外，巴清因采炼丹砂成为富豪，而酉阳则蕴含着丰富的丹砂矿藏。我国最早的开采丹砂历史可以追溯到商代，到了元代、明代与清代，酉阳的土司都要向皇帝献上丹砂。如此，似乎更加印证了巴清的故乡就是重庆酉阳，而不是所谓的涪陵、长寿等地。

早在多年以前，考古工作者就在巴渝一带取得了令人震惊的发现：就在宁静的地下世界里，武士遗骸、巴式青铜剑、船棺等等，静静地躺了数千年，甚至上万年的时间。

这些物件拼凑出更加鲜活的巴人历史形象，也让世人更加相信，他们不是存在于《山海经》中的神话，而是真实存在过。

深埋在地下的那些物品证明，他们强悍而又尚武，曾经靠武力征战出一方天地，却又不知为何在短暂的辉煌过后，消亡在历史的烟尘当中。甚至没有人知道，他们是怎样消失的。于是，人们便开始怀疑，他们是否真的存在过。这一份怀疑，也让巴人变得更加神秘。

巴清便是神秘的巴人中的一分子，她出生的时候，已经没有了巴国，而是更名为由秦惠文王一手设立的巴郡。在巴清生活的那个年代，巴人的文明，几乎可以与中原文明相媲美。可到了如今，却再也没有人能够有幸一睹那早已消亡的文明的芳容。

因为神秘，才能引发人无限的遐想。不过，可以确定的是，巴人的文明并不是荒蛮的，因为从三星堆出土的青铜文物上可以证明，巴人拥有属于自己的文字。

在如今的重庆渝中区临江门魁星楼前面左侧的路基护墙上，有一排手型的浮雕，手掌均正面向外，拇指的形状有些类似蛇头，掌心部位还有短小的波浪。

几乎没有多少重庆人能够说清楚这一排手型浮雕所蕴含的意义，这也就使其显得更加神秘。

其实，这一排手型浮雕，就与巴清的祖先有关。这些手掌当中，就隐藏着古老的巴人文化。

玉指纤纤，可以拨动人的心弦。而这些形状略显怪异的手，是来源于三四千年以前的巴人图语。

代表古代巴文化的青铜器上，总是能见到类似的巴人图语。于是有人产生了大胆的猜想，这会不会就是汉字的起源？如果真的如此，巴人则取代了黄河流域的文明，成了中华五千年文明的创始者。

象征着巴人文明的图语，出现在许多上古巴人器物中。那一幅幅略显深邃的图画，蕴含着一个个数千年前的远古故事，也是一个个难以解开的谜团，就像巴清以及发生在她身上的故事。

于是，便有人认为，只要破解了那些巴人图语中的密码，就能够清楚地了解巴清的身世。

随着后人的不断探索，手型浮雕中的含义似乎也变得越来越清晰。人们发现，那并不是一只单纯的手，而是手与花的结合，预示着巴文化与中原文化的融合。

古时候的巴人，共分为两个支系：一支崇拜虎，被称为“虎巴”；另一支崇拜蛇，被称为“蛇巴”。在很早以前，巴人的巫师会将这样的图案刻在兵器或是器物上，祈求自己崇拜的神灵能够赐予自己力量。

不过，巴清究竟属于哪一支巴人，已经无从准确得知。历史上有关巴清的文字，最经典的莫过于西汉史学家司马迁在《史记·货殖列传》中写下的那段文字。文字的大意是说：秦代的巴郡有一名寡妇名叫“清”，数代垄断丹砂开采的生意。为了表彰她的贞洁，秦始皇为她修建了豪华的怀清台，作为巴清的纪念碑，也作为她身为“贞妇”的表彰。

与巴人有关的图语，有两百多种，除了手心纹，还有花蒂纹和虎纹等等。以虎为尊的那一支巴人，认为虎是自己的祖先，因为虎代表着勇敢，因此虎纹也大多出现在兵器上面。

也有一些巴人图语显示，巴人的祖先很可能是乘船从三峡溯江而来，也许这其中就包括巴清的祖先。在数千年前，一个风和日丽的日子，一支船队浩浩荡荡地来到巴郡，创立了属于自己的文明，也创立了属于自己的国度。

也许当年，巴清的祖先从未想过，自己的后代当中，会出现像巴清这样一个传奇而又神秘的女子。他们只是默默地过好自己的生活，崇拜着属于自己的图腾。

据说，早在七千多年前，巴人便已经拥有了属于自己的符号。

遗失了半城的烟汐，也说不尽经年以前的孤寂。巴清静静地矗立在时光的一隅，等待着世人对她的探索。也许，她也不愿永远戴着那个神秘的面纱，也渴望能够以全新的姿态与这个世界沟通。前尘往事，皆是镜花水月，也许在未来的某一天，巴清的真实身份，会被发掘，她的容貌与个性，也终将在世人面前慢慢变得清晰起来。

巫山的“不死之药”

残存在心中的一抹暖意，足以支撑一个人走过许多个凉秋。如果心中永远燃烧着一团火焰，那么无论多么平淡的时光，都能如花朵般在指尖绽放。也许，巴清就是这样一个心中燃烧着火焰的女子，这团熊熊燃烧的烈火，让她的个性变得坚毅而又沉着。于是，在失去丈夫多年以后，她依然可以创立起一个丹砂帝国。

在巴蜀一带，几乎没有人不知道巴清的名字，也几乎没有人不知道她是一个十分出名的寡妇。只是，她的身世与来历究竟如何，却没有任何一个人能说得清。

因为丹砂，巴清成为中国历史上第一个女富豪。而正是因为巴清与丹砂之间有着紧密的联系，才让她的身世变得更加扑朔迷离。甚至有人认为，秦始皇之所以对巴清如此礼遇，也许是因为巴清是传说中的巫山神女。

每一个皇帝都渴望能够得到永生，守住自己或是祖先辛苦打拼下来的江山，亲眼看着自己的王国如何在岁月更迭之中旧貌换新颜。

于是，每一个皇帝都渴望能得到“不死之药”。在秦朝，被看作是“不死之药”的，正是丹砂与水银。

这似乎就是秦始皇对巴清如此尊重的原因。司马迁也曾经在《史记》

中提到过，巴清的家族以丹砂起家，又凭借开采丹砂变得富可敌国。人们对于丹砂的了解，莫过于丹砂可以用来写字，也可以用来当染料。也有人听说或见过大夫以少量丹砂入药，起到镇定安神的功效。

丹砂是一种矿藏，从甲骨文“丹”字的写法上，就可以看出端倪。甲骨文中的“丹”，形似一个井口，中间的一个符号，仿佛在告诉人们朝着井中行走，就能取得某物。

丹砂是一种细碎的类似沙粒状的红褐色物体。因为“朱”也代表着红色，因此也有人称其为“朱砂”。

提到朱砂，总是让人联想到一些或浪漫或玄妙的话题。例如那温柔缠绵的朱砂痣，又例如那代表着女性贞操的守宫砂。

然而在帝王看来，朱砂却是长生不老的神药。无论在古时还是现代，医者都会将朱砂入药。在《周礼·天官·冢宰篇》中，丹砂便是“五毒”之一。

《神农本草经》指出，丹砂具有“养精神，安魂魄，益气，名目，杀精魅邪恶鬼。久服，通神明不老”的作用。

秦始皇相信，丹砂就是能让人长生不老的良药。而拥有大片丹砂矿藏的巴清，自然也就成了那“不死神药”的来源之一。

修道之人，都以丹砂为升仙之上品，用丹砂炼制丹药，渴望服食之后能够位列仙班。于是，便有了“五石散”这样一种药方，只不过，这种药方诞生时，一直渴望修炼成仙的秦始皇早已经作古，以开采丹砂为生的巴清更是早已成了传说。

秦始皇是中国历史上第一个皇帝，也是渴望通过服食药物成仙的皇帝。五石散中的“五石”，其实就是丹砂、雄黄、白矾、曾青、慈石，不同的年代，这“五石”的配方也不尽相同，却从来没有少了丹砂。

相传古代有好色之人，服食五石散之后，顿觉神明开朗，体力增强，于是，一时间五石散广为流传，尤其是在贵族当中风行一时。

不过，长期服食五石散，大多都会因中毒而丧命。因此，唐代著名医学家孙思邈曾说，如遇五石散之方，应即刻焚烧，切勿保留。

也许，服食了含有大量丹砂成分的药物之后，的确能有一种飘飘欲仙之感，因此，秦始皇才更加相信，如果长久地服食丹砂，必定会长生不老。

可惜，人生一世，短短百年，哪有长生不老的道理？那些大量服食丹药想要获得永生的人，反而会因为中毒，比别人更早地离开这个世界。

据说自从当上皇帝，秦始皇便开始四处寻访仙人，并寻求长生不老的药方。在公元前219年的一次东巡当中，秦始皇听说在蓬莱、方丈、瀛洲三座神山中有神仙，以及不死神药，便立刻派出三千童男童女去寻仙访药。

公元前216年，秦始皇突然发布一道旨令，将每年的农历腊月更名为“嘉平”。据说，这背后也有一个秦始皇追求长生不老的故事。相传在当时有一个人名叫茅濛，字初成的人。人们听说他在华山成了仙，于是民间便流传着一首民谣：“神仙得者茅初成，驾龙上升入太清，时下玄洲戏赤城，继世而往在我盈，帝若学之腊嘉平。”

秦始皇听到这首歌谣之后，立刻询问其中玄机。当地人回答，这是仙人的歌谣，是劝皇帝求取长生不老之术的。

这个回答正好被秦始皇重视，当即决定将腊月改名为“嘉平”。

然而，秦始皇自然也知道，仅仅是给一个月份更名，是断然没有可能成仙的。想要长生不老，还是要借助丹药。丹药中最重要的成分，便是巴清家乡盛产的丹砂。

那时并无科学可言，无论是淳朴的百姓还是高高在上的帝王，都不知晓丹砂服食多了，会产生怎样的恶果。于是，秦始皇成了第一个因过量服食丹砂而死的皇帝。

秦始皇的死，自然不能怪罪于巴清。毕竟她只是一名靠开采丹砂为生的寡妇，并不是怂恿秦始皇服用丹砂的人。

后来的皇帝们，依然不了解过量服食丹砂的危害，于是，一个又一个追求长生不老的皇帝热衷于炼仙丹、采灵药。尤其是西汉的淮南王刘安，甚至在自己的宫中召集上千名方士，专门修炼金丹，以及表演那些所谓的仙术。在刘安编写的《淮南子》一书中，更是提到了许多炼丹的方法与配方。

到了唐代，炼丹之术更是一下子到达了巅峰。唐代重视道教，几乎每一位唐朝皇帝都对炼丹十分热衷。因此，唐代因为服食丹砂过量而死的皇帝就有好几个。

中国的四川东南地区，自古以来就是丹砂的主要产地。那里同样坐落着上古神话中的神山，也就是被称为“灵山”的巫山。

巫山是中国巫文化的发祥地，而巴清的丹砂生意，也正是在巫山附近。

于是，便有人将巫山、不死神药、巴清联系了起来，有了巴清就是巫山神女的大胆猜测。

在《山海经·大荒西经》中有着关于灵山和“十巫”的记载。所谓“十巫”，就是巫咸、巫即、巫朌、巫彭、巫姑、巫真、巫抵、巫谢、巫罗，这十巫都从灵山升降，乃是百药所在。而那药，自然就是不死之药——丹砂。

于是，从晋代开始，便有了“天帝神仙长生药皆出自巫山”的说法。并且，三峡地区以“丹”字命名的地方，就有丹山、丹穴、丹阳、丹水等七处，这更让人不得不将丹砂与巫山联系在一起。

古人认为，红色乃是通神升天的颜色，因此，死者的墓穴之中总是被撒入丹砂。丹砂有一种神奇的特性，用高温灼烧，能变成水银；如果将水银掺入丹砂，又能还原为丹砂。

于是，人们便将丹砂视作能够生生不息的神物，自然也就引发了服食丹砂能够长生不老的联想。巴地的巫师们，也自然不会放弃利用这种带有神秘色彩的物质。

在巴清生活的地方有许多巫师，巫师们认为，丹砂能够为自己带来神奇的力量。而这些神奇力量的掌控者，就是拥有着取之不尽用之不竭的丹砂的巴清。于是，人们也就更愿意将巴清与巫山神女联系在一起。

《山海经》中说，巫山盛产神仙不死之药，这药分别藏在八个斋屋之中。巫山上还有一种叫“黄鸟”的神鸟，以及一种叫“玄蛇”的神蛇。传说中，商朝时期被成汤斩首的夏耕的尸身便逃到了巫山，因为能够得到巫山的庇佑，不再被追杀，并且巫山还有可以通神的巫师，能利用巫术治疗他的“无首之创”。

这一传说更为巫山增添了神秘的色彩，而巫山神女这一联想，又为巫山增添了一抹浪漫的元素。

传说中的巫山神女，是炎帝的女儿瑶姬。她在出嫁之前离世，被藏于巫山之阳。据说楚怀王游高唐时，曾在白日里做梦与巫山神女相会，后世也就留下了许多与巫山神女有关的美好故事与诗篇。

相传，炎帝的女儿当中，瑶姬是最美艳动人的。同万千少女一样，瑶姬也心存浪漫的幻想，也总是在梦中见到英俊的少年驾着七彩祥云去接自己。可惜，无名的绝症，夺走了瑶姬的性命，一个美好的生命，就这样香消玉殒。

瑶姬的尸身虽然被葬在巫山，她的香魂却飘到姑瑶山，化作了芬芳的瑶草。据说，如果女子能够服食瑶草果，便会变得美艳动人。

那瑶草在姑瑶山上吸取日月之精华，多年以后终于修炼成巫山神女。

出现在楚怀王梦中的巫山神女，袅袅婷婷，明艳动人。她自称是瑶姬，身上有天地间一切之美。事实也的确如此，一场风流过后，楚怀王从梦中惊醒，却再也见不到巫山神女的身影。

人们既然认为巴清是巫山神女，自然也就相信她懂得不死之术。传说巫山是巫师上天通神的天梯，“巫山神女”巴清自然也具有通神的能力。

因为掌握着大量的丹砂，巴清也就有资格成为当地至高无上的巫师。

如水般的光阴已经从指缝中飞速地滑落，神秘的巴清也以完美的姿态，在属于她的那个年代悠然谢幕。关于巫山的不死神药与巫山神女，世人自有揣测与解读。只是巴清对这些早已不在意，她已经浅笑嫣然地迎来了属于自己的另一个轮回。

一个女人的坎坷命运

有一种人的人生，注定不会平静安暖，在富贵荣华到来之前，必定要经历一番坎坷与磨难。古代的女子大多命苦，生活与生命，都由不得自己作主，酸甜苦辣尝遍之后，大多也只能悲叹人生苦短。悲欢离合的滋味，全都被强加于一身，她们依然要抬起沉重不堪的头颅，将一股精气神昂扬上九天。

巴清就是这样的一名女子。只是，她比古时候大多数的穷苦女性要幸运一些。她没有尝过穷苦的滋味，却不幸经历了丈夫的早亡。

出嫁的那一天，巴清也是欢欢喜喜的。都说出嫁是女人的第二次投胎，对于古时的女子来讲，嫁给一个好夫婿，的确就等于迎来了一次重生。

那是父母为巴清精挑细选的一户好人家。他的夫婿家境富裕，又有祖上传下来的矿产。父母相信，嫁到这样的人家，女儿一定不会吃什么苦。

巴清的娘家家底丰厚，她是被父母捧在手心中长大的。父母希望她的夫婿也可以这样宠她、爱她，让她幸福无忧地度过一生。

然而，在那个年代，女子即便是衣食无忧，也享受不到绝对的自由。她们就像是在笼中被喂养得羽毛柔亮的鸟，出嫁之后，直接从一座鸟笼，转移到另一座鸟笼。唯一的区别，就是那座新鸟笼华贵与否。

因此，大多数的古代女子，命运是悲凉而又孤寂的。她们的生命中鲜有火热的夏季，大多都是少有生气的寒冬。

这就是封建礼教对女子的禁锢，巴清并不愿意像大多数女子一样死气沉沉地活着。她渴望让自己的生命更加精彩一些，而不是整日沉浸于哀戚中。

巴清是幸运的，在将她送到婆家时，父母对她是饱含着满满的爱意的。在婆家，巴清也并未遭到任何虐待和摧残，只用安分地扮演着自己的角色，享受着婆家提供的无忧生活。

这样安稳的人生，是那时大多数的女子可望而不可即的。

在家时，父亲是她们的天；出嫁后，丈夫就是她们的天。有些女子几乎一生都没有真正到家门外的地方好好去走一走，即便是有机会出门，头也是要深深地低下，生怕被人看清自己的容貌。

好在到了巴清生活的那个年代，民风已经开化了一些。与之前的朝代相比，秦朝还算是一个比较开放的朝代，不过，女人的地位，却并未得到多少提高。

丈夫对巴清还是很好的，他并不要求巴清永远在自己面前低声下气。巴清虽算不上绝色美貌，至少也是清秀端庄的。尤其是她眼神中的一丝镇定的神色，无论何时，她都不会慌乱，这更让丈夫对她多了几分珍惜。

在婆家，巴清的言语并不多，这是那个年代对女子最起码的要求。如果不是公婆或是丈夫主动问话，女子几乎不会开口说话。

也许，女子命运的坎坷，在当时是一出生便决定好了的。即便有人想要拼命挣扎，也终究挣脱不过命运的束缚。

在封建礼教的桎梏下，女子几乎与整个世界隔绝。她们不懂何为政治、经济，甚至许多女子连大字都不识。她们唯一的生存方式，便是依赖自己的丈夫，丈夫为她们提供生存的基本条件，因此对于丈夫要求的一切，她们也必须选择服从。

巴清并非目不识丁的女子，因为娘家经商，她也略懂得一些经商之道。对于婆家的生意，她偶尔也会提出一些中肯的建议，丈夫因此对巴清更加欣赏。

与一个疼爱自己的男子举案齐眉一生，想必是每一个古代女子能够想象得到的最浪漫的事情。这样的生活巴清得到了，她与丈夫相敬如宾，相濡以沫。那些权位倾轧、政治斗争，完全与巴清的生活无关。

她仿佛生活在世外桃源，从不奢望能与皇家或是权势有任何交集。只要能有丈夫的疼爱，有富足的生活，再为丈夫添上一子半女，她的一生也就无憾了。

丈夫的疼爱与尊重，给了巴清自由的思想与独立的精神。无论在家里还是在外面，她都是自己做主。懂事的巴清却也并未因此而骄纵，她懂得如何好好运用自己的这份自由，让自己的生活更加精彩，也让丈夫一如既往地喜爱自己。

巴清如愿以偿地得到了“一人心”，并且也只盼“白首不相离”。

男子三妻四妾，在当时并非什么新鲜事，尤其是像巴清的婆家这样富裕的人家。因此，巴清也做好了丈夫会再要小妾的准备，即便她的内心是那样的不情愿。

不过，丈夫却似乎并没有再娶的打算。与聪明沉稳的巴清相比，其他女人仿佛都不具备头脑，与她们相处起来也感受不到滋味。

有时候，巴清真的觉得自己比帝王家的女子还要幸福百倍。帝王家的女子虽说有无限荣耀，可多沦为政治的牺牲品。为了换来两国之间的和平，帝王家的女子动辄走上和亲之路。如果两国一直能相安无事还好，一旦战事再起，和亲的女子也就再也没有用处。到时候，她们甚至有可能沦为奴婢，或者干脆被杀掉。

对于自家的丹砂开采生意，巴清几乎很少过问。丈夫总是能将生意上的事情料理得十分妥当，巴清也相信，这就是命运对于自己最好的安排。

这样的人生，巴清似乎找不到任何不去珍惜的理由。她的生活清闲而又充实，毫不茫然，更不会寂寞。一切似乎都在向好的方向发展，她为此感谢上天，也愿意把丈夫当作自己的天。

她与丈夫在一起的每一天，都如同新婚燕尔一般甜蜜。即便是在处理家中的生意时，丈夫的心里也是惦记着巴清的。丈夫也知道，无论自己多晚回来，巴清一定都会等着他。房间里那一盏盈盈的烛火，总是瞬间就能让他的心感到踏实、温暖。

他愿意给巴清最好的生活，不需要自己的妻子为了生计去抛头露面。那时的巴清，每日最需操心的事情，也许就是该穿哪一个颜色的衣服，又该搭配哪一种质地的钗环。女为悦己者容，能够让丈夫因为自己秀丽的容貌而开心，便是巴清最大的快乐。

除了做女红，巴清最喜欢的事情便是读书。那是一个还没有纸张的年代，文字写在竹片之上，再用麻绳或是皮绳牢牢捆扎，卷成筒状收藏，便是当时的书籍。

书籍的内容也并不丰富，关于爱情的浪漫言语也寥寥无几。唯有《诗经》中几篇描写爱情的诗篇，是巴清闲来无事最喜欢吟诵的字句：“关关雎鸠，在河之洲。窈窕淑女，君子好逑。”“青青子衿，悠悠我心。但为君故，沉吟至今。”“投我以木桃，报之以琼瑶。匪报也，永以为好也！”

对于丈夫来说，巴清又何尝不是他的“桃之夭夭，灼灼其华”？她美好娇嫩的容颜，就像翠绿繁茂的桃树上盛开的粉红色的桃花。正如《诗经》中所说，将这样的姑娘娶回家，定会让家庭和顺而又美满，也会让家庭融洽而又欢喜。夫妻二人，也定能白头到老。

虽说是父母之命，媒妁之言，巴清却获得了一份两情相悦的爱情。她与丈夫之间，没有猜忌，没有无休止的等待，更没有被棒打鸳鸯。沉浸在甜蜜之中的巴清，又何须“衣带渐宽终不悔，为伊消得人憔悴”？

婆家的庭院深深，没有为巴清带来孤寂的命运。她是安分的妻子，也愿意每日在庭院中等待丈夫的归来。

大好的光阴，她从未辜负，也从未为自己的人生感觉到悲苦。她的个性中带着与生俱来的沉稳与坚毅，却也不会像替父从军的花木兰那样，刚硬到连男人都自叹不如。

她不是飞上枝头的凤凰，只是一只养在家中的无忧无虑的小鸟。她的翅膀从未被缠住，只要想飞，头顶的一片蓝天依然可以任她翱翔。

巴清从不将自己当作弱者，即便身为女子，在与丈夫的相处之中，她与丈夫也是平等的。这其中不仅有丈夫对她的疼爱与谦让，更有巴清对自己的定位。她不容许自己仰人鼻息地过活，如果生活只能依靠别人的施舍，那不如了却了此生。

沉浸在幸福之中的巴清真的以为，生活将会永远这样平淡而又温馨地继续下去。可惜，她忘记了，在那些缠绵悱恻的爱情诗篇当中，有太多都是在祭奠“此情可待成追忆”的死别。

丈夫对待巴清是那样深情，他们也都将彼此视作自己的一切。巴清将丈夫当成自己的精神支柱，却从未想过这根精神支柱竟然有猝不及防倒下的那一天。

不知为何，丈夫的健康状况每况愈下，最终一病不起。当大夫宣告丈夫的病已经无力回天的时候，巴清觉得自己的整个世界都变得黑暗了。在很长的一段时间里，她无心梳妆打扮。她想，如果丈夫的身体不能好转，自己明艳动人的样子又要给谁看？

忧愁整日写在巴清的脸上，她几乎忘记了快乐的感觉。每一天，她都在向上天祈祷，希望丈夫的病尽快好转起来。两人还能像从前一样，在西窗下剪烛，在短暂的分别当中，彼此默默守望。

可惜，上天并没有听到巴清的祈祷。丈夫的病日渐沉重，终于在一个夜里永远地闭上了双眼。

巴清的泪，一连几日都未停过。丈夫已逝，从前的甜蜜又能到何处去找寻？她与丈夫是那样相爱，从今以后，再也不可能有任何一个男子能够像丈夫那样走进她的心。即便是可以改嫁，巴清也不愿再与任何一个丈夫以外的男人相处。

她宁愿守着一盏残灯孤独终老，做一名贞洁的女子。从那一刻起，巴清的每一天都是在思念丈夫当中度过。然而，这仅仅是她坎坷人生的一个开始。更大的重担，还等着她娇弱的双肩去扛起。

继承庞大的家族产业

斯人已逝，只剩下曾经的诺言留在了风中。红颜弹指老，曾经的柔情，只剩下酒后的相思。和着泪吞下的苦酒，只能引来如潮的悲伤，一浪一浪，袭得人心碎。

失去丈夫的巴清，依然年轻，然而她的余生，注定要在孤寂中度过了。

她也曾以泪洗面，不知自己未来的人生该飘向何方。那种没有根牵系的感觉，一如漂泊在水面的浮萍，不知何处是家，也再也找不到踏实的安全感。

自从丈夫死后，家族的生意就再无人打理。长久的悲伤过后，巴清只能强迫自己回归现实。生活还要继续，如果一味地沉浸在悲伤之中，自己未来的人生也许就真的如同路边无家可归的流浪人一般凄惨。

巴清只能让自己强打起精神，接过丈夫留下的一切，让丹砂开采生意重新走向正轨。

她的骨子里有着自己从未想过的坚强，一旦决定振作，便能爆发出常人难以想象的能量。

汉代史学家司马迁在《史记》中，专门有一卷为工商巨贾立传，取名《货殖列传》。这其中，就留下了巴清的身影。

司马迁也像世人一样称她为“巴寡妇清”，《史记》中关于巴清，是这样描述的：

> 而巴寡妇清，其先得丹穴，而擅其利数世，家亦不訾。清，寡妇也，能守其业，用财自卫，不见侵犯。秦始皇以为贞妇而客之，为筑女怀清台。夫倮鄙人牧长，清穷乡寡妇，礼抗万乘，名显天下，岂非以富邪？

其实，就连如司马迁这样伟大的史学家，看到的也只是巴清以富显贵的荣耀，却不知在这背后，一个失去丈夫的女人，在继承庞大的家族产业的同时，要经历怎样的辛酸。

如此庞大的产业，即便一个男人要妥善维持，也要耗费不小的精力，更何况是一个大门不出、二门不迈的弱女子？

开采丹砂的工匠，无一例外，全是壮硕的男子。一个柔弱的女人，该用怎样的智慧，才能让在这个社会上占据主导地位的男人们服从？

巴清也曾想过放弃，索性就让一切停止，自己守着丈夫留下的一些家产，精打细算直到终老，也许日子再不会像从前那样宽裕，却也至少不用为生计过于操心。

然而，只要想到丈夫重病时那痛苦的样子，临终前那些牵挂与担心，巴清就不允许自己放弃。这是丈夫未完的事业，她必须代替丈夫去完成。更何况，这样似乎能够与丈夫的心贴得更近，就好像他还在自己的身边，从未走远。

后人喜欢称巴清为“中国最早的女企业家”，因为她曾经捐献巨资，帮助秦始皇修筑长城，巴清的事迹也在诸多史书中留下了或多或少的文字记载。除了司马迁的《史记》，其他许多古籍中也留下了巴清的身影。

人们已经记不住巴清的姓氏，那些史书也从未提及。她只留给这个世界一个华丽而神秘的背影，以及一个靠开采丹砂发家致富的传奇。

她的容貌，随着历史的风烟而渐渐模糊。人们记住的，只是巴清的名字，以及她独自主持着一个庞大的家族产业。

流光似梦，苍白了天涯。巴清的爱情，随着丈夫逝去的那一刻，变成了飘散在风中的尘埃。她能做的，唯有让曾经的过往彻底沉淀，在宁静中，寂寥着她的后半段人生。

家中的教导，让巴清自幼便有着不俗的谈吐。再加上清秀的容貌，举手投足间的沉稳，都令她保持着一个高贵不可侵犯的形象。

然而，即便秦始皇对于巴清无比礼遇，但在封建思想为主导的秦朝，巴清依然是一个毫无社会地位的女子。

同样与巴清在《史记·货殖列传》中并存的，还有一个名叫乌氏倮的商人。当时的秦国刚刚消灭蜀国，夺取巴地，并设立了巴郡六县。根据秦国的法令，如果能够大量生产丝织品，则可以免除徭役。在加强军事、工业和农业的同时，秦始皇同样也鼓励商业贸易的发展。

于是，便有了乌氏倮的崛起。他曾经以贩卖牲畜为生，当得知秦国的法令之后，索性将全部牲畜卖掉，用所得的钱买入大量的绸缎，再运送到西域，献给西戎王。

作为报酬，西戎王给了乌氏倮十倍的价钱，又送给他多得无法计数的牲畜。从此，乌氏倮成了远近闻名的富商，秦始皇也因此封他为官，允许他与朝臣们在朝廷中并立。

不过，乌氏倮是个男子，即便是凭借财富位列朝廷，也并未惹来太多非议。

的确，两千多年前的中国，女子的地位不如男子。男人们的眼中似乎看不到女人们的努力，更不会愿意了解，巴清为了让家族的产业兴盛下去，付出了怎样的血汗。

早在周武王时期，女子的社会地位就很低。周武王曾说，自己有治乱之臣十人，这其中有一名女子。于是，孔子便说："有妇人焉，九人而已。"

可见，在当时的男人眼中，女人是算不得数的。无论女人取得了怎样的成绩，都不能与男人并列。

孔子曾说："唯女子与小人难养也。"女子与小人，竟然被一代圣人放在一起，女子的地位如同小人一般低下，这就是当时那个社会的思想观念。

因此，身为一名寡妇，巴清能够受到秦始皇的如此尊重，的确已经超乎了常人对于妇人的认知。

巴清并不在乎别人对自己的想法，她看淡外界的评论，一心只想守住丈夫留下来的产业。她的心早已洗尽铅华，不再留恋任何虚无缥缈的繁华。

她觉得自己余生的每一天，都是替丈夫活的，也唯有这样想着，才让她的人生变得更加有意义。

一个原本对爱情保持着无限憧憬，又亲身体会过爱情美好的女子，要那富可敌国的家财又何用？唯一的解释就是，她要替丈夫守住这一切，来日重逢时，才能对丈夫有一个好的交代。

她并非是传说中的贵族，只不过是生于穷乡僻壤的普通女子。在先秦时期，只有贵族才拥有姓氏。巴清则像众多平民一样，只有一个名字，所谓姓氏，不过是她生活过的地方的简称而已。

然而，就是巴清这样一个平民寡妇，秦始皇对她的态度却比富商乌氏倮更加“客之”。秦始皇是一名绝对的男权主义者，对于女子，他不屑一顾，唯独对于巴清，有着一份远远超越爱情与亲情的敬重。

那个等级森严的社会制度，似乎被巴清一人打破了。打破这个制度时，她并未费吹灰之力，似乎一切都是水到渠成，非刻意为之。

司马迁以为，秦始皇对于巴清的尊重，只是“岂非富邪”。也许司马迁也同样有着对男权主义的坚持，这让他忽视了一个专属于先秦时期的地位顺序。

那个年代，只有因贵而富，却鲜少有因富而贵。唯有贵族，才能富有，尤其是皇帝，拥有整个天下。然而巴清却将这一顺序轻而易举地颠倒，因为富有，而拥有尊贵的地位。

其实，这与富又有何关系？或者，这绝不仅仅是因为她的财富。一切只因她是巴清，是这天下独一无二的奇女子。

家族的荣耀，已经被巴清背在了肩上。从背上的那一刻起，她就从未想过卸下。她坚强地走出了悲伤，不以悲伤为食，因此才从悲伤中崛起，不至于陷入苍凉的轮回。

第二章

商贾

绽放于秦王朝的女首富

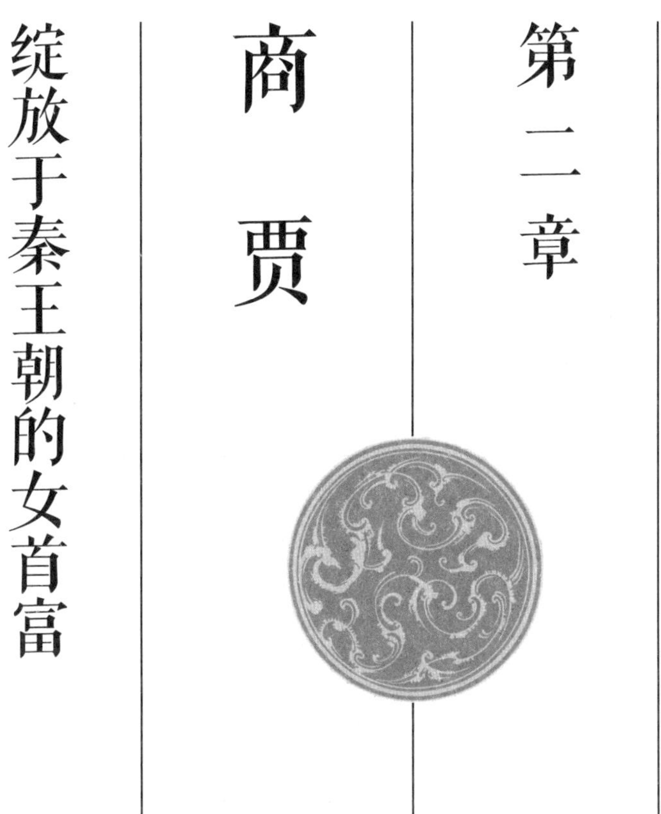

一个空前强大的专制帝国

一段美好的情，如同烟火般绚烂而又短暂。一个华丽启幕的王朝，也并未像它的创立者最初设想的那样能走过千秋万代。

巴清与丈夫之间的爱，已注定再难找寻。不过，她已将丈夫当作了自己生命中的永恒。即便他已不在人世，却依然被巴清珍藏在心底最柔软的那个角落。

午夜梦回，就是她与丈夫团聚的时候。梦中的他，依然保持着离去时的容貌。他永远不会老去了，因为这就是他留给巴清最后的记忆。在梦中，巴清也会拉着丈夫的双手，只是指间感受不到一丝温度。

这种感觉似曾相识，似乎每天都在经历。的确，生活在一个空前强大而又专制的王朝里，就连空气都是冰冷的。

巴清生活的年代，距离商鞅在秦国变法已经过去了一百多年。从商鞅变法时起，秦国便已经开始实行国君统治全国的制度，土地可以自由买卖，官职也不再采取世袭制。

这一系列变化一直延续到嬴政这一代，由他一手创立的大秦王朝，也终于成了一个君主专制的帝国。

寡妇巴清，不过是这个庞大帝国之中的一介平民。对于皇帝来说，她的生命也许就如同蝼蚁一般不值一提。为了活下去，并且要好好地活下去，她必须付出比男人多出千百倍的努力。

强势的秦始皇，打造了近于畸形的封建君主专制制度。他已经习惯于不断去扩张自己的领土与王权，“侵略”两个字，已经深入他的血液里。

在这个帝国里，没有人可以不尊重帝王，也就是秦始皇。国家的政治、经济、军事大权全掌握在他的手中，甚至可以说，百姓所拥有的一草一木，无不归皇帝所有。

巴清虽不敢对秦始皇有忤逆之心，却也不明白，为什么要对皇帝崇拜至此。她身边的每一个人，都对皇帝有着一种畸形的崇拜，这更让巴清疑惑，为什么不能靠自己的努力，活得比皇帝更加精彩。

她听说，从几百年前开始，秦国的君主就会为自己修建巨大的陵墓，死后还要用大量活人殉葬，以保持君王独尊的气势。尤其是秦景公，他死后用来陪葬的活人竟然有一百多个。

这简直惨无人道。巴清对那些白白为君王陪葬的生命而感到惋惜，他们的生命竟然连野草都不如，他们无法去享受大好的年华，只能将青春断送在墓穴之中。

这样想着，巴清渐渐觉得自己的生活的确美好许多。虽然失去了心爱的丈夫，至少她还活着，还能享受这个世界赐予的许多美好。

不过，早在公元前384年，秦国的统治者便废弃了用活人为君主殉葬的做法。可巴清听说，如今的君王嬴政，似乎对殉葬的做法十分赞成。也许在他死后，又会有大批无辜的生命葬送在墓穴里。

每当想到这些，巴清的梦境就会变得阴暗而又潮湿。好在她并没有太多的时间胡思乱想，家中的生意会耗费掉她的大半精力。

从事丹砂开采生意，并不是一件轻松的事情。身为东家，巴清除了不需要亲自下矿开采，其余的事情都要由她来操心。她最担心的就是矿里发生什么事故，损失了金钱还是小事，如果有人受伤或丢了性命，那才让巴清真的难过。

于是，在平日，她便十分善待下矿的工人们，尽量将他们的饮食安排得可口又丰富。渐渐的，工人们对这位女东家多了几分好感，干活的时候，自然而然地多卖力气。

真诚待人，必然得到他人的真诚相待。巴清渐渐在工人中树立起了威信。不过，她依然不敢掉以轻心。秦朝的法律最是严厉，她必须时刻谨守法纪，不敢越雷池半步。

她从书中读到过，在春秋时期之前，秦人就有了族刑。也就是说，一人犯罪，全族都要被灭掉。这让秦国的百姓对君王更是无比畏惧，因为担心丢掉性命，更不愿连累族人。

这一刑罚并非只存在于史书中，嬴政在成为皇帝之前，处死长信侯嫪毐时，就是用的族刑，并且是灭其三族，也就是父族、母族和子族。

这是多么严酷的刑法，光是听听就让人不寒而栗。这让巴清在经商时变得更加谨慎，生怕一不小心，就丢了丈夫辛苦经营的生意，更丢了全族的性命。

年轻的巴清，并不知道皇帝嬴政长什么样子。她只是听说，他十分凶残，几乎没有一丝同情心。也正因如此，他才能统一六国，创立大秦帝国。

人们口中传说的那个嬴政，是一个极其专制的君王。国家选用人才，由他一人做主；国家大事的处理，群臣也必须听他一人吩咐；就连一个人的性命，都要由他来决定。

如此专制，让嬴政这个皇帝做得无比痛快。摆脱了种种限制，让他在选拔人才的时候不再有束缚。只要是被他认可的人，不论出身高低贵贱，都能得到他的重用。在这一点上，嬴政继承了他的先祖们豪迈的性格。

当年，就连奴隶出身的百里奚都能成为主政秦国的五羖大夫，而商鞅也不过是卫国君主的小妾所生的儿子。如此可见，嬴政并非只是残暴的，在某些方面，也是十分英明的。

巴清似乎比身边的人更加理性。她不愿人云亦云，而是想用自己的思维与头脑，去了解皇帝。并且她发现，似乎思考得越多，听别人说得越多，从书上看得越多，这个皇帝的形象在自己的眼前就变得越清晰。

民间关于皇帝嬴政，流传着许多说法。有人说他天性刚愎自用，国家政事，无论大小，皆由他一人决定。他们还说，天下人的生杀大权，都掌握在秦始皇手里，只要他一个不高兴，就会有无辜的人要丧命。

对于这一点，巴清并不是完全相信的。她觉得一个能够统一六国的君主，是不会残暴得毫无理由的。其实，对于秦国皇帝的一些作为，巴清也很欣赏，比如三公九卿制度。

除此之外，秦朝的最高军政长官是太尉，朝中的军事事务都归他管。不过，在平日，太尉却并没有军权。即便是在战时，太尉也要完全服从皇帝的命令。只有皇帝将用于调兵的符节交给他，他才能调动军队。

至少对这一点，巴清是无比赞同。如果一个国家的君主，连军权都不能掌握，那么臣子一旦反叛，岂不是朝局大乱？

巴清不过是一介商人，最多只需经营好她的丹砂开采生意。可是她对皇帝的治国之策却十分感兴趣，因为她觉得自己从中也能学到许多管理的技巧。并且，她心中还酝酿着一个计划，那就是为自己的丹砂矿培养一支护卫队，这就更要去学习皇帝掌控军队的技巧。

丞相的职务就是协助秦始皇管理一切军国大事。即便如此，只要遇到大事，他也必须向秦始皇请示。

巴清相信，秦始皇也许是残暴的，可是也的确做出了许多有意义的功绩，例如修建驰道等。

从秦始皇称帝的第二年开始，便颁布了一条修建驰道的圣旨。他下令，驰道要以咸阳为中心，通往全国各地。两年多以后，通往九个不同方向的驰道便修好了。

这九条驰道处处平坦，道宽五十步，每隔三丈栽一棵树，道路两旁用金属锥夯筑厚实，道路中间专供皇帝出巡。

这一切的一切，都让巴清相信，自己身处的这个朝代，将空前繁盛。在生意上花费的精力，也渐渐冲淡了她失去丈夫的悲伤。

“重农抑商”的秦王朝

生如夏花，花开半夏。巴清的年华，正如一朵盛开的夏花。她轻轻告别曾经的辛酸与欢乐，重新起航。

在当时的秦朝，经商并不容易。那是一个“重农抑商”的朝代，尤其是身为一名女子，又是一名寡妇，能将家族的生意经营得风生水起，该是拥有一颗多么坚强的心?

也许唯有巴清自己知道，在经商的道路上，到底经受了多少磨砺，才将就连男人都不敢轻易挑战的丹砂开采生意做好。

从战国时起，中国就形成了“奖耕战”“抑商贾”的传统，到了秦朝时期，“重农抑商”又成了国策。所有的商业形式，都被这一国策深深地制约着，这也极大地保障了信奉“农本商末”观念的秦始皇的利益。

从商鞅变法时期开始，秦国便有了奖励耕战的规定，也被秦始皇继承并发扬了。于是，当时的社会上，便有了“士、农、工、商”四个阶层，其中“士”的地位最高，“商”的地位最低。这种文化传统在皇帝以及百姓的观念中根深蒂固，于是，在他人眼中，巴清自然也就成了排在最末流的“商”。

商人的命运，与秦王朝的政策息息相关。在那个刚刚平息战乱的国度里，农业自然是第一等大事。只有发展农业，才能保证百姓的基本所需。

粮食是否充足，也关系到国家的兴衰存亡。因此，在一心治国的秦始皇眼中，农业是整个国家的重中之重。

如此一来，工业与商业就显得不那么重要，也不似农业那样能令百姓生活得到保障。有时候，工业与商业还会带走农业当中的劳动力，减少农业的产出。由此一来，秦朝“重农抑商”的观念也就更加强化。

在秦始皇看来，发展农业，可以令百姓安居乐业，人丁兴旺，国库粮仓也会因此变得充盈。民以食为天，如果没有粮荒的隐患，百姓当中也就不会发生动乱。即便有外来者侵袭，也会因为有充足的粮食保障而免除后顾之忧。

因此，秦始皇将农业当成了立国之本。商业因为处于社会的最末层，而遭到种种抑制。

作为商人的巴清，不得不咬牙挺过朝廷对商业的种种限制。无论多难，她都从未想过要放弃，因为这是丈夫留下的产业，这其中有他们共同倾注的感情。

其实，早在商代，便已经开始实行“井田”制度，用来推动农业发展，也是从那时起，农业就已经成为社会中最重要的行业。

所谓“井田制”，就是将土地划分成许多方块，形状类似“井”字，名曰井田。

不过，当时并未有“重农抑商”的趋势。即便是到了西周时期，统治者也曾大规模组织奴隶集体劳动，商业也一度成为当时社会的重要经济组成部分。

可惜，巴清并未出生在那样的年代。凡事总有两面性，如果出生在西周时期，巴清的社会地位的确能有所提高，却并不一定会像后来一样，成为一代传奇。

喜欢读书的巴清，对历史并不陌生。她知道，从春秋时期开始，诸国渐渐分裂。各诸侯国之间为了争抢领土，掠夺财富，并且强迫比自己弱小的国家对自己称臣，会发动或大或小的战争。

战争不论大小，都是残酷的。也正是因为战争的残酷，让诸侯国的统治者们强烈地意识到，发达的农业，对于一个国家来讲是多么的重要。

在秦朝，商人是不可以交易粮食以换取利益的，为的就是防止商人将粮食屯起来，趁机牟利。

巴清总是听别人说，如今的皇帝是一个独裁者，他的意志就是国家的意志，他想要百姓做什么，百姓就要做什么。

也是从秦始皇开始，百姓被称为“黔首”。他自认为能够统一六国，是得到了水德，因此下令，衣服以及祭祀的节旗皆要用黑色，平民百姓皆要以黑巾裹头。

到了后来，秦始皇又将百姓称为“黎民”，只因“黔”与“黎”的意义相同。后来，他又发布了“使黔首自实田”的律令，凡是占有土地的地主和自耕农，都可以将实际占有的田数上报给朝廷，以得到国家的承认。

在秦始皇看来，百姓的生命就如同草芥，是不值钱的。尤其是没有社会地位的女子，在秦始皇眼中更是毫无价值。巴清偏不服气，如果没有百姓，所谓的皇帝还要去统治谁？没有了百姓的服从，又哪来所谓的皇权？

她更不服气秦始皇对女子的轻视，即便当时的女子最主要的职责就是绵延子嗣。可如果没有女人生育后代，一个国家不是早晚都会变成无人的空壳？

她偏偏要以女子之身，做出让男人也敬佩的成就。这样想着，无论在经商之路上遇到多大坎坷，她也不曾放弃。

与秦始皇有关的事情，总是会经由百姓的传言落到巴清耳中。她知道秦始皇有多么轻视百姓，甚至将百姓当作工具来利用。无论是修长城、修驰道，还是建阿房宫、建骊山陵，都是要由他口中的“黔首”来完成。

至于“黔首”的生活，秦始皇从来不去考虑，只要是能够满足他的欲望，哪里还管百姓的死活。

于是，她开始相信，这的确是一个残暴的皇帝。可是又能如何，她并不能发动百姓群起造反，只能用自己的努力想方设法地获得尊重。

秦始皇在建立秦国之初，对商人比对待百姓更加残暴。早在征战六国之时，他便已将六国的工商大户统统连根拔起，或是将他们集中到都城咸阳，或是让他们迁徙到遥远的西南。至于那些经营小本生意的商户，境遇更加凄惨，他们与流亡的农民和犯事的官吏一起组成军队，被秦始皇发配去征伐桂林、南海等地区。

到后来，当发现用于征伐的军队人数不够时，便用商人去充数。如果人数还不够，就用那些父母是商人，或者祖父母是商人的平民去充数。这些被强制去充军的人被称为“市籍”，这是一个带有轻蔑色彩的词，数不清有多少百姓就这样无辜地断送了性命。

当然，也有一些大商人幸存了下来。例如巴清的夫家，守着开采丹砂的生意，安稳地偏安一隅，平稳度日。

巴清知道，也许自己的家族能幸存下来，不能归咎于幸运。也许他们所从事的生意，在某种程度上能满足秦始皇的某些需要。不过，此时此刻，她还说不清秦始皇究竟希望从他们身上得到什么。

她也无暇去考虑这些，生意上有太多的事情在消耗着她的精力。能够好好地将丹砂矿维持下去，是她此刻最关注的事。

巴清所拥有的丹砂矿，在他人眼中就如同一座金山。有太多的人早已对她所拥有的一切垂涎欲滴，就连对她这个人，也出现了各种议论。

除了强迫自己变得强悍，巴清没有其他的方法。坚毅的巴清硬是凭借着自己的手段，保住了丈夫留下的产业，又让家产翻着倍地增长。

没有人知道巴清究竟有多么富有，只是从她的脸上看到了越来越多的淡定与从容。她坚毅的神态，让那些曾经对她有不轨之心的人望而生畏。她终于变得强大起来，强大到让人不敢轻易挑战她的威严。

巴清的成就与财富，终于引来了秦始皇的注意。“重农抑商”的他，也终于知道有这样一个女子不容小觑。她虽然是社会最末流的商人，但是一定有超越常人的能力。否则，如此柔弱的一个女子，怎么会得到她身边的每一个男人的尊敬？

秦商在历史中的特殊角色

二十二岁的年华，本应有着最斑斓的色彩。掬一缕春光，捧一缕暖阳，将每一天，都活成最美的风景。

巴清的二十二岁，却注定是蒙尘的。那也许是她有生以来最灰暗的年华。就是在这一年，她失去了自己挚爱的丈夫，不得不强迫自己从一名紧锁深闺的妇人，变成一名扛起家族生意的商人。

秦朝的商人，是历史上一个特殊的存在。提到秦商，总是让人联想到古时最驰名天下的商帮之一。不过，并非生活在秦朝的商人都能被称为秦商，这里的“秦”，代表着一个地域，大致是如今的陕西。

巴清并非与秦商毫无关系，许多年以前，秦商就曾通过秦蜀古道，来到蜀地经商。而巴蜀地区，正是巴清的家乡。

她并不知道秦蜀古道诞生的具体时间，只是知道自幼便有这样一条商道存在。她听老一辈的人讲，早在秦惠文王统治秦国的时候（公元前316年），就已经通过秦蜀古道出兵灭蜀，也让巴蜀之地成了秦国的大后方。

占有了巴蜀之地，秦国便有了源源不断的物产资源，也让当时的秦国一跃成为战国七雄之首。不过，当年听到这段历史时，巴清不过是认为这是一段有关战争岁月的传奇故事。从未想过，自己的身份有一天也会变成商人。

从长安到成都，便是秦蜀古道直通的范围，全长一千多公里。

这条古道，巴清从未走过。身为一名女子，她人生中的前二十二年几乎都是在深闺中度过。自从接管了家族的生意之后，她也曾幻想过，有朝一日，通过这条秦蜀古道，将开采出来的丹砂运往长安。

聪明的巴清已经从经营丹砂矿的过程中发现，天下有许多的人，希望利用丹砂炼制药材，延长寿命，甚至成仙。因此，巴清从来不用为丹砂的销路发愁，主动登门求购丹砂的客人总是络绎不绝。

秦朝的许多商人，并不像巴清这样幸运，许多商人都因为无利可图，放弃经商，回家务农。

那些想要在商海继续拼搏的人，就必须按照朝廷的规定，将自己的身份登记成“市籍”。拥有“市籍”身份的人，常常会受到各种各样的歧视，比如不许穿丝质的衣服上街。

在当时，秦始皇为了扩充军队，除了正式的兵役制度之外，还要想办法去增加士兵的来源，以作补充。于是，所谓的贱民、正在服刑的囚徒、奴隶、少数民族等等都会被强制要求去参军。

这些人并不是正式的士兵，在军队中也必须做苦役，忍受最低级的待遇，甚至有时候连饭都吃不上。在战争当中，这些人还要冒着头顶上的箭雨去填充战壕。他们当中有很大一部分人便是商贾，或是逆旅，也就是经营旅店的商人。

在秦始皇统一六国之前，士兵多为农家子弟，也可组成战斗力极强的军队。可自从六国统一之后，秦始皇便不再用农民军队，而是用“七科谪”。

所谓“七科谪”，便是发配到边疆去服兵役的七种人，分别为犯了罪的官吏、杀人犯、入赘的女婿、在籍商人、曾做过商人的人、父母做过商人的人、祖父母做过商人的人。

于是，许多商人在当时不仅无法过上衣食无忧的生活，还要时刻担心某一天就会被发配到边疆去服兵役。

年轻的巴清也曾想过，如果有一天，自己也被发配充军，会过上怎样的日子。她自幼便过着衣食无忧的生活，从没有做过苦活。如果真的有那样一天，巴清觉得自己可能一天都撑不下去。

不过，她的担忧显然是多余的。日子一天天过去，她的丹砂生意依然经营得风生水起。从未有官家的人来过，更没有人要她或是她的家人去充军。

丹砂开采生意与普通的小商小贩经营的方式不同。丹砂需要在矿中开采，无须拿到市面上去兜售。因此，巴清也无须在朝廷指定的地点经营。其他的商贩则必须要在朝廷划定的封闭的“市”内经商。

根据朝廷“前朝后市”的要求，这座“市”就位于宗庙和宫殿以北大概两里地的地方，几乎就贴在北城墙的边上。这座“市”被一圈夯土墙围绕着，大概有几万平方米的大小。围墙的四面各开一座大门，里面高高地竖着一根醒目的旗杆。

在秦朝，类似这样的“市”不止一座，规模与结构却大致相同。那根高高竖起的旗杆，便是“市”的象征。无论离这里多远的人，都能通过这根旗杆辨别方向，轻而易举地找到“市”的位置。

巴清闲来无事时，也会到“市”里面去逛逛。在旗杆的下面，有一座建在夯土台基上的小楼。人们称这座小楼为“旗亭”，或者“市亭”。站在小楼上向下远望，整个“市”的全貌便呈现在眼前。不过，并不是谁都具备登上小楼的资格。唯有当时负责管事的亭长，才能在小楼上俯瞰，以便能够及时发现各种状况。

每一天早上天亮时，那根旗杆上的旗帜都会在亭长的命令下升起。有一个说法，叫“举旗当市”，也就意味着打开“市”门的时刻到了。市吏们在打开大门的同时，还要逐一检查商贩们的证件和货物。如果货物符合要求，市吏们便会在货物上盖上印记，再将商贩们放进去，这样才可以正式开市。

每个商贩在“市”里面拥有的商铺大小不一。这并非是由商贩自己决定的，而是由货物的贵重程度决定的。越珍贵的货物，就能占据越大的铺面。人们将铺面称为“肆”，普通货物的铺面，宽度最多不能超过七尺。

“市”里面的路，共有两横两竖，呈“井”字形。这也就是“市井”一词的由来。其实，以巴清的身份，并不需要亲自到“市”里面去买东西。她只是喜欢这里的气氛，人们熙熙攘攘地往来行走，走累了便索性席地而坐，与一同来的人聊天，或是与不认识的人攀谈，十分热闹。

当年逛“市”时，巴清的身边还有丈夫陪伴。在那个封建的年代，即便是夫妻，也不能手拉着手漫无目的地游走。他们只能并列前行，中间保持着恰到好处的距离。不过，这短短的距离根本不能阻隔两人之间的甜蜜。在“市井”中行走，才能让巴清体会到生活的味道。

自从丈夫去世，巴清已经很久都未到“市”里去逛逛了。每天，她的生活都被繁忙的生意占据。这样的忙碌，能冲淡她对丈夫的思念，总比每天坐在家里，深陷在悲伤中不能自拔要好。

当年，商鞅认为，如果私人工商业不除，国家便不能兴旺。虽然他不能将商人一举全部铲除，却想出了种种方式对商人进行打压。

商鞅觉得，那些靠手工技艺为生的人，将自己制作出来的器具拿到“市”上去交换粮食。如此一来，那些本应该流入国家仓库的粮食，就落入了商人手里。同时，归国家所有的作坊里生产出来的东西，就不再奇货可居。国家既然不能对商品进行垄断，也就不能强迫百姓为国卖力。

更何况，如果每个人都觉得只要经商，便能赚到很多钱，那就都不再想着去种地。不光是商鞅，这也是秦始皇最担心的状况。

秦始皇曾经想过，将粮食、器具、布料等生活必需品，都按照人们的需求进行分配，或是按照他认为的需求进行分配。任何财富，都应该归朝廷所有，也就是归皇帝所有。那些商人的存在，是最影响国库的收入的。

在秦始皇眼中，每一个商人获得的金钱，都不是靠劳动得来的，更不会为朝廷创造任何财富。他觉得，这些人与不劳而获没有任何区别，日子却过得比那些辛辛苦苦种地的人要舒服百倍。

这是秦始皇无法容忍的。他的确见到过一些为富不仁的商人，他执拗地认定，每一个商人都是相同的嘴脸。对于这样的人，他觉得无须留任何情面，所以当战争到来的时候，便会毫不心软地将商人发配充军。

对于秦始皇的所作所为，巴清是不赞同的。然而，她不过是远在巴蜀的一个小小女子，距离京城还有千里之遥。她从未想过，有朝一日，她会成为秦始皇眼中那个特别的商人。更未想过，多年以后，世上的商人将对她顶礼膜拜。

在质疑中崛起的企业

每个人的人生，都要历经或多或少的波折。这似乎并不是上天存心折磨，而是漫长而又短暂人生的点缀。

对于自己失去丈夫的遭遇，巴清从未怨天尤人。她试着坦然去接受生命赠予的一切甜蜜与苦涩，只是在独自回味之时，心头还是难免隐隐作痛。

她与丈夫曾经共同生活过的那间房间里，装满了两人共同的回忆。可巴清却不敢轻易去触碰，生怕轻轻一碰，那些甜蜜的瞬间就会被无情的光阴敲击得支离破碎，忧伤的尘埃，又随之落满一地。

回想少不更事的岁月，巴清的家中虽不算大富大贵，却也是书香人家。

也许正是因为巴清眉目之间的那一点书卷气，才让丈夫对她一见倾心。丈夫的英年早逝，如同在巴清的心头扎了一根坚硬的刺。她顾不得将这根刺拔出，只能忍着疼痛，依然挺身，挑起了丈夫留下的千斤重担。

身为一名寡妇，独自经商，巴清听到过来自各方的质疑之声。就连丈夫的族人都认为，一个寡妇，怎么可能将夫家的生意经营好？也有人曾试图将丈夫留下的产业从巴清手中夺走。

然而，巴清冷静的目光与坚定的神色，将那些想要“趁火打劫”的族人逼退。是啊，她才是丈夫的正室妻子，她有继承丈夫遗产的资格。丈夫留下的一切，都不能落到外人手里。为此，她更加要强迫自己支撑下去，保住丈夫的产业，不能让别人看笑话。

那些居心不良的族人们似乎并不着急。他们转变了策略，不再主动争取，而是冷眼旁观。他们不相信一个寡妇能有多大的能耐，等她经营不下去的那一天，就是他们接手的最好时机。

倔强的巴清自然不会给他们这样的机会。丹砂开采，是巴清从未接触过的事情。不过她天生聪慧，再加上执着与勤奋，从对丹砂开采一无所知，到一知半解，最后几乎成了这一领域的行家。就连那些资深的矿工，也不敢小瞧这位女东家。

丈夫在世时，将丹砂生意经营得有声有色。他去世后的一段时间里，巴清因为只顾着悲伤，无暇顾及生意，生意已经渐渐走了下坡路。

好在巴清及时从悲伤中抽身，将一腔悲情都化作经商的动力，于是，丹砂生意很快便开始有了起色。而那些族人们的风言风语，似乎减少了许多。可是，巴清的耳根，却几乎没有一刻能清净。

因为要照顾生意，曾经大门不出、二门不迈的巴清也不得不经常抛头露面。“寡妇门前是非多”，见多了巴清与形形色色的男人打交道，邻居们的风言风语便自然而然地传开了。

有些难听的话落到巴清耳朵里，她不是不难过的。毕竟她是一名知书达理的女子，从未说过任何污言秽语。哪怕是一个难听的字，在她听来都如同一滴热油浇在心头，仿佛要将一颗心烧灼出一个窟窿。

不过，那些流言听得多了、久了，巴清也就渐渐麻木了。毕竟她不是一个只懂得哭哭啼啼的小女子。最初的眼泪，她已经偷偷躲在房中流尽了。当她重新振作起精神，出现在世人眼中的，早已是一个由内而外都更加坚强的角色。

她开始能够笑对那些难听的言语，也能够以一副温和的容貌去面对那些在背后说她闲话的人。她的表情渐渐看不出任何喜怒，无论在任何人面前，总是一副好脾气的样子，却也让人不敢欺负她。

巴清为自己编织出一个坚硬的外壳，任何流言蜚语都不会对她造成半点伤害。然而质疑之声依然尚未停息，那些同样经商，或是曾经与丈夫有过生意往来的人，也不会对一个女人抱太大的信心。

丹砂业，是一个特殊的行业，它不同于织鞋贩履、剪纸刺绣，这是一个属于男人的行业，一个汗水与血水掺和在一起浇灌出的行业。而巴清那白净的面庞，分明在告诉世人，她从未经历过这个世界的艰辛。

也有人试图用一些耸人听闻的言语吓退巴清，好将那如同金山般的丹砂矿收入囊中。他们告诉巴清，秦始皇对商人最不看重，甚至有些仇视，说不定什么时候就会将商人统统杀掉，或是发配到边疆去充军。

巴清不是没有恐惧，可她却不是一个对人盲目轻信的女子。从小，父亲就教会她，女孩子要懂得用自己的脑袋去思考，不能人云亦云。于是，她便用自己的眼睛去观察这个世界。

巴清渐渐地发现，那些被征为官奴的商人，并非是正在好好地做着生意，就一夜之间变成了奴隶。他们大多是一些因经商失败而无家可归的人，成为官奴之后，至少还有一个吃饭和睡觉的地方，并且还有工钱可以拿。

她听说，如果官奴立了军功，也可以加官晋爵。如此一来，就足以证明，自己是不会无缘无故被发配充军的。

巴清还得知，有许多商人不仅因为经商赚到了万贯家财，还备受秦始皇重用。除了以贩卖牲口发家的乌氏倮之外，还有一对著名的卓氏夫妻。

他们原本是赵国人，秦始皇灭赵以后，卓氏夫妻推着自己的小车前往汶山，只因他们听说那里易于经商，便主动要求前往。到了那里之后，卓氏夫妻凭借打铁的手艺，据说后来富到有上千名家仆的地步。

还有魏国的孔氏家族，秦始皇灭魏之后，这个家族迁往南阳，在那里经商，并从事金属铸造，最终富甲一方。

如此，巴清更加多了几分在经商之路上继续下去的勇气。丈夫留下的丹砂开采生意，已经具备了一定规模，甚至在临近的州县之中，再没有第二家同样的生意。当巴清得知自己家的生意已经几乎处于垄断地位的时候，更加少了许多顾虑。

那些曾经质疑她的人，亲眼看着她将生意越做越大。在当地的商人当中，巴清拥有了响当当的名号，甚至就连千里之外的京城，都流传着有关巴清的故事。

再也没有人敢小瞧这个弱女子。其实，她又何尝弱小？她比许多男人都更加强大。

当巴清的名字渐渐传到咸阳城，秦始皇就对这个被世人渲染出神秘色彩的女子产生了兴趣。他听说，巴清不仅掌握着开汞炼丹的技术，更懂得对生产的布局进行合理安排，于是对这个女人，他充满了好奇。

似乎从巴清的身上，秦始皇发现了她的另一个优点，那就是能够为自己提供大量的丹砂，用于建造骊山陵。那是秦始皇为自己死后所建造的奢华世界，他需要用丹砂来提炼水银，好为他的地下王国创造出壮阔的场景。

有了秦始皇的关注，巴清再也不是偏安一隅、默默无闻的巴蜀女子。她成了那个朝代的名人，即便是多年以后，那些用文字勾勒历史的文学家与史学家们，也不忘记在他们的书卷之上，为巴清写下这浓墨重彩的一笔。

纵观西汉史学家司马迁创作的《史记》，整卷《货殖列传》也不过四千多字，能够名列其中的，也仅有52个人。

这52个人当中，不乏像生活在战国时期的“商祖”白圭这样的人物。当年，白圭曾在朝为官，兴建水利是他的强项。不过，他的生意头脑更强，后人尊称他为经营贸易发展生产的理论鼻祖。

白圭是第一个提出“贸易致富”的人，还提出了“人弃我取，人取我与”的经商之道。当谷物成熟之时，他收进粮食；当蚕茧产出之时，他收进絮帛，再出售粮食。并且，他还教导世人，经商也要按照时机而行。

同样出现在《史记·货殖列传》中的人物，还有被誉为“乱世英雄”的大商人吕不韦。在战国末年，吕不韦往来于各地，以低价买进货物，再以高价售出，积累起万贯家财，并最终出任秦相。

能与这样两个著名的大商人并列出现在司马迁的《史记·货殖列传》当中，足以证明巴清也是一名不可小觑的大商人。她在秦朝的地位，是不可取代的，她所打造的丹砂帝国，也终于在人们的质疑声中崛起。

看得见的辉煌，看不见的付出

所谓辉煌，不过是世人强加的臆想，因为背后那些看不见的付出，才能拥有如此撼人心魄的力量。

生于天地之间，巴清也感谢天地创造了万物。哪怕是最不起眼的一根野草，也有从巨石的缝隙之中顽强生长的力量，更何况身为人，比野草的力量何止大上千百倍？

巴清的力量，来源于她与丈夫之间的爱。那份绵延不绝的爱扩散于她的筋骨之中，蔓延于她的四肢百骸，也让她的一颗心再次温润了。

因为开采丹砂，巴清已经成了当地，乃至整个秦朝的知名富商。许多经商之人羡慕巴清如此好运，丈夫死后能够留下如此庞大的家业。他们却从未想过，如此庞大的家业，自然也会成为沉重的负担。为了能将这重担扛起，一个女子柔弱的肩头，该是被压成了什么模样？

都说百炼成钢，在接手丹砂开采生意之后，巴清所经受的磨炼，远远不止百次。光是学会如何去分辨丹砂的好坏，就几乎已经让她脱了一层皮。

女人不能下矿开采，巴清就时常守在矿口，等着开采的工匠们一出来，便立刻观察丹砂成色。那些经验丰富的开采工匠，不屑于与一个女子多费口舌。巴清就时刻跟随在他们的身后，提出自己的疑问，不得到回答绝不罢休。

天长日久下来，哪怕是最资深的开采工匠，也对这个年轻的女子心生佩服。直到此时，他们才真正认可巴清是他们的雇主，不会再因为她是一名弱女子而轻视她。

在秦朝全国上下一千余个县中，出产丹砂的县只有两个：一个是贵州北盘江，一个便是巴清所在的巴蜀之地涪陵。

在《山海经》中，便有这样的记载："夏后启之臣曰孟涂，是司神于巴……居山上，在丹山西。"丹山，便是生产丹砂之地。这部古老的书籍，也为丹砂蒙上了浓厚的神秘色彩。

贵州虽然出产丹砂，但在当地，丹砂的用处远没有巴蜀之地广泛。可以说，巴蜀之人，更懂得如何利用丹砂。作为丹砂矿主，巴清必须不断钻研，好将丹砂的各种功效与用途熟记于心。

这便又是一番别人看不见的努力。无数个夜晚，巴清房中的一盏油灯久久不熄，有时候甚至一直燃到天亮。无数个不眠之夜，她从思念丈夫的悲情中抽身，用对丹砂的研习来冲淡自己的愁绪。

也许这是使她从悲伤中超脱的最好方法。巴清对丹砂的了解，也在不知不觉中深入。

巴地为丹砂最大的出产之地，巴清家族的丹砂开采生意，又是巴地仅有的一家。于是，巴清也就自然而然成了全国最大的丹砂矿主，几乎整个国家的丹砂生意，都被巴清一人垄断了。

巴清当然知道，有太多的人渴望利用丹砂炼制长生不老之药。这并非是那些求仙问道之人的妄想，她读过《山海经》，清楚地记得上面曾经记载过："开明东有巫彭、巫抵、巫阳、巫履、巫凡、巫相，……皆操不死之药以距之。"

巴地巫者甚多，自然也总是有许多巫者找到巴清求购丹砂。来找巴清的买家当中，最多的便是贵族，其中更是不乏王室成员。因为从那时起，服食丹药便已经成为贵族身份的象征，因为丹砂昂贵，也只有富贵之人才买得起，巴清从中获得的收入也十分可观。

与王公贵族打交道，并不是件容易的事情。富贵之人最多骄矜之气，不是高傲得不可一世，便是拒人于千里之外。许多圆滑世故的商人，在王公贵族面前都不曾占得一点便宜。巴清却凭借着自己独特的优势，做到了左右逢源。

巴清的最大优势之一，便是她的女性身份。采购丹砂的王公贵族多为男性，在一个弱女子面前，自然不好表现得有失身份。巴清恰到好处地示弱，正好能够凸显他们贵族的身份。于是，在这样一个彬彬有礼的女子面前，许多王公贵族也就显得宽宏有礼。

与形形色色的买家打交道，曾经是巴清多么不愿意做的事情。为此，她背地里强迫自己无数次，才造就了如今的个性。无论面对什么人，无论面对多么无理的要求和话语，她都能做到微笑面对，不卑不亢地与买主讨价还价，保证自己的最大利益。

越来越多的买主对巴清心生佩服，于是，买主又介绍买主。巴清的生意如同滚雪球一般，越做越大。

早在商、周之时，巴地的巫者就已经掌握了“不死之药”的炼制方法。也是从那时起，丹砂便成了王室贵族最喜爱之物，当时的巴人已经开始向王室进贡丹砂。当得知这些，巴清便萌生了一种想法，也许有朝一日，自己家里出产的丹砂，也会受到秦始皇的青睐。

其实，来找巴清购买丹砂的买主，也并非只用丹药来制长生不老药。许多喜欢书画的人，也会将丹砂用作颜料。从事染布行业的商人，也会将丹砂用作染料。而那些制作脂粉的商人，更会将丹砂添加到胭脂当中。女子们涂了这种胭脂，脸上会呈现出自然红润的色泽。巴清自己使用的胭脂，也添加了丹砂的成分。

丹砂使用的方法越多，巴清的生意便越是广泛。她似乎有着天生的经商头脑，在开采丹砂之余，又开始想要了解利用丹砂制作“不死之药”的方法。

如果能够掌握这种方法，经营范围就更加大了。如果丈夫在天有灵，看到巴清能够将生意经营得如此红火，想必也十分欣慰吧。

巴地并不算富庶之地，几乎可以算得上穷乡僻壤。虽然巴清凭借丹砂生意过得十分富足，可相邻的百姓却大多贫苦。

巴清并不忍心看到家乡父老在困顿中苦苦挣扎，因此，她竭力照拂贫苦的乡邻。她知道，乡邻们虽然穷苦，却有尊严。因此，她的照顾，不能让乡邻们感受到施舍的意味。她竭尽所能地维护着乡邻们的自尊，巧妙地对他们施以援手。她更希望自己的帮助能暂时改善他们的生活，更希望他们做一些小生意，找到谋生的途径。

得到巴清资助的乡邻们，更是将巴清当成慈悲的女神。当巴清的名字传到咸阳，传到秦始皇的耳朵里时，她兼具财富与贤德的形象已经得到众人认可。

一个失去丈夫的女子，能够积累起富可敌国的财富，没人能够说清楚，巴清在这样的过程中究竟付出了怎样的艰辛。

有人说巴清命好，虽然失去了丈夫，却继承了珍贵的丹砂矿藏。据说当年尧帝曾与南蛮在丹水之浦一战，并获得大胜。有人猜测，这场战争，便是争夺丹砂资源。

其实，有关丹砂的战争，在春秋时期从未停止过。当时最强大的诸侯国楚国与秦国，就因为争夺丹砂，与巴国进行过无数次战争。

这样看来，巴清的确是比许多人都要幸运。她曾听丈夫讲过，丈夫的高祖父曾经是一名医者，一次上山采药，突然天降大雨。为了避雨，高祖父躲进了一处山洞，他发现了山洞中遍布红色的粉末。多年的医者经验告诉他，这就是能够用来入药的丹砂。

于是，高祖父在山洞中仔细寻找，竟然意外找到了一处丹砂矿穴。当雨停之后，高祖父立刻回家请来了一些工匠，开始开矿炼丹，提取水银。

发展到巴清丈夫这一代，家族的丹砂开采生意已经十分稳定，家财也已经十分丰厚。并且，因为掌握了寻找丹砂矿的方法，巴清家里的丹砂矿已经不止当年高祖父发现的那一处，而是遍布彭水、綦江、酉阳等地。

巴清的丹砂生意，充满了蓬勃的生机。她仿佛一只柔弱的雏鹰，在与风雨雷电的搏击中修炼了丰满的羽翼。命运之神的捉弄，曾让巴清经历了人生最大的困顿。她独自支撑了过来，在生意鼎盛的时候，又不忘对命运表示感激。

其实，巴清最需要感激的人，是她自己。正是因为她自己付出的那些别人看不见的努力，才让她站在了人生辉煌的巅峰。

生命既伟大，又脆弱，只看拥有生命的人，用何种方式去对待。巴清找到了正确的方法，也将自己的人生活成了一段传奇。

生命的长度，她终究无法掌控。在那个医学并不发达的年代，大多数人的生命都贫乏而又短暂。

在忙碌之中，巴清也已经渐渐步入中年。她的事业风生水起，却并不知道自己还能有多少时间来维持这种幸运。

好在巴清很快就从这份迷惘中走了出来，时光流转，没人能够违逆，索性就做好自己能做的一切，也算是给此生一个完美的交代。

第三章

错位

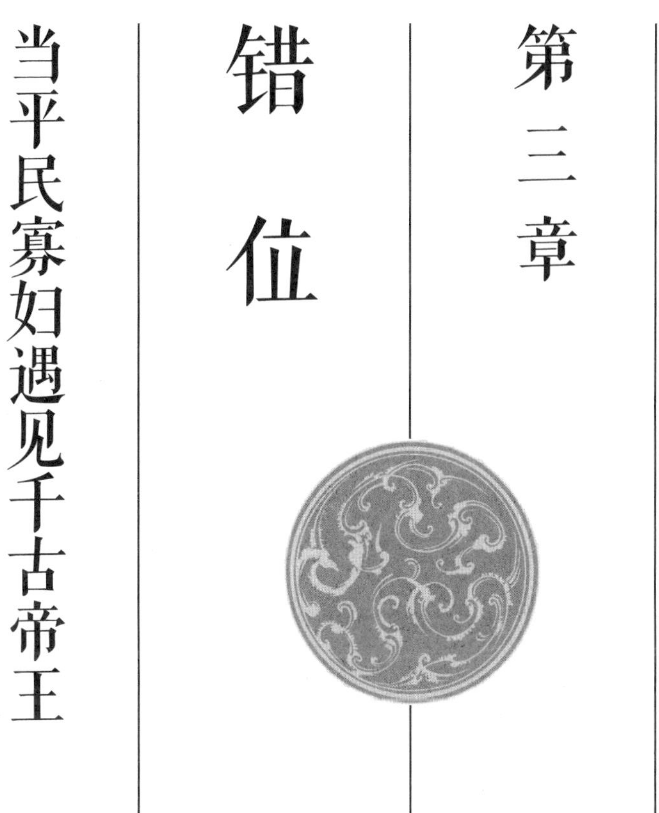

当平民寡妇遇见千古帝王

为何她独享贞妇美名

等待，也许是最好的期望。守望的滋味，亦是幸福的。就仿佛在亲手编织一个美丽的梦，令自己独坐幻境之中，期待流年依旧，岁月静好。

二十岁出头的年纪便成为寡妇，巴清的命运令太多人唏嘘。最心疼她的，莫过于父母。丈夫离世几年以后，父母也曾委婉地透露出希望巴清能够再嫁一次的想法，希望至少能有人与她相伴到老。

父母不是不知道，寡妇再嫁，将要遭受多少风言风语。可为了女儿的后半生着想，他们宁可忍受世人的闲言碎语，也希望女儿不要孤独终老。

父母的劝说，巴清并未听进去。在她的心中，任何一个人都不能取代丈夫的位置。那个位置如今虽已经空了，却再也不能装进别人。

曾经的风花雪月，幻化成如今的红尘沧桑。那是一个礼教大过天的年代，妇女的贞洁便是封建礼教的重中之重。

许多女子在丈夫去世之后，为了所谓的贞洁，不得不放弃寻找幸福的权利，独自守着一盏孤灯，任由年华枯萎。

巴清却是自愿的，她心甘情愿地忍受着寂寞，只因不愿让丈夫的形象在自己心中泯灭。每一个与丈夫相处时的场景，都被巴清牢牢地刻在了脑海之中。每当思念袭来，那些场景就会重新出现在她的脑海里，让巴清回味往日的温馨。

也许正是因为巴清的这份心甘情愿，才让一向轻视女人的秦始皇也对她另眼相待，视她为名副其实的“贞妇”。

司马迁曾在《史记》中说：“至秦有天下，悉内六国礼仪，采择其善。”同时也说：“虽不合圣制，其尊君抑臣，朝廷济济，依古以来。”

秦朝这个在历史上只维持了十四年的短暂王朝，虽有着统一六国的辉煌，却也是一个极度专制的朝代。为了加强对臣子的控制，秦始皇将一切权力都掌握在自己手中。君王控制臣子，男人控制女人。而所谓的贞节，便是男人对女人最大的控制。

秦始皇在巡行天下时，几乎每到一处，都要刻石为自己歌功颂德。同时，他还会命人在石头上刻下规矩，其中就屡次提到与女子贞节有关的内容。

在泰山，秦始皇命人在石头上刻下：“贵贱分明，男女礼顺，慎遵职事。”

在碣石门，他又命人在石头上刻下：“男乐其畴，女修其业。”

在会稽，石头上又刻着这样的文字：“饰省宣义，有子而嫁，倍死不贞。防隔内外，禁止淫佚，男女洁诚。夫为寄豭，杀之无罪，男秉义程。妻为逃嫁，子不得母，咸化廉清。”

据说，在春秋时期，会稽属于越国领地。越王勾践为了让越国的人口迅速增长，曾经下令鼓励男女多交。因此，秦始皇便认定，会稽是一个淫佚之地，特意在此处刻石强调女子的贞节。

只要求女子守贞节，而从不要求男子从一而终，这是封建礼教对女子道德的捆绑。秦始皇认定，女人是男人的附属品，就和男人的财产一样。当时的普通百姓也与秦始皇有着相同的看法。

然而，一生贞节的巴清，却在受到秦始皇的礼遇之后，遭受了世人的非议。人们认为，如此轻视女人的秦始皇，能够如此看重一个寡妇，绝不仅仅是因为她的贞节那么简单。有人认为，巴清与秦始皇之间一定有某种不可告人的关系；也有人觉得，巴清一定是有着“巫女”的能耐，通过丹药讨得了秦始皇的欢心。

世人的猜想，玷污了巴清对丈夫的真心。也许，没有哪一个女人愿意守着所谓的贞节虚度一生，就像巴清一样，她所守着的，只是一份真挚的爱。

除了对丈夫的爱，还有丈夫留下的生意。如若巴清改嫁，丈夫毕生的心血都将付之东流。她不忍心让与丈夫有关的一切在人间泯灭，因此便用自己的余生去牢牢将其守护。

由此，不由让人联想到发生在秦朝末年大乱时节，那段缠绵悱恻的爱情。这段爱情故事的主人公，便是“西楚霸王”项羽，以及他最爱的女子虞姬。当时，项羽兵败垓下，遭遇四面楚歌。在穷途末路之际，项羽写下了一首悲壮的诗篇，并最终流传千古：

> 力拔山兮气盖世，时不利兮骓不逝。
> 骓不逝兮可奈何，虞兮虞兮奈若何。

世人皆知，虞姬是项羽最爱的女子。她不惜以女子的娇弱之躯，随项羽一路逃亡。当认清自己已经无路可逃之时，项羽最在意的并不只有虞姬，还有他的乌骓马。

可怜的虞姬不愿再成为项羽的拖累，为了让项羽能够摆脱她这个负担，独自逃命，虞姬选择了拔剑自刎。项羽骑着自己的乌骓马试图突破重重包围，却最终被困于乌江边。

项羽一生自认为是盖世英雄，如今却走到穷途末路，他觉得已经无颜见江东父老。就在此时，他心心念念的还是自己的乌骓马，便将乌骓马送给了最忠实于他的亭长，并再三叮嘱，要好好对待。

之后，项羽才在乌江边拔剑自刎。如果已经死去的虞姬芳魂有知，看到项羽对待一匹马也比对待自己更加珍视，不知是否会觉得自己的一片痴心都白付了，那拼死守住的贞节，也都枉费了。

也许与虞姬相比，巴清是幸福的，因为她的心中盛满爱与思念，她的人生过得并不空虚。虞姬的故事发生在巴清离世之后，如果巴清知道虞姬的悲惨遭遇，也许也会哀叹这位多情女子爱错了无情的郎君。

贞节，是古时女人一生的枷锁。古人认为，贞节代表着纯正高洁，代表着女子在节操上没有污点，却没有人在意，为了这一个虚名，女人要忍受多么严酷的精神折磨。

秦始皇的一生，最令他痛苦也是最令他感到羞耻的，就是他的生母赵姬。当年赵姬年轻守寡，却又不甘寂寞，因为与吕不韦有旧情，两人便时常秘密私会。久而久之，吕不韦因为担心被嬴政发现，便将另一个人送到了赵姬的身边。此人便是嫪毐，吕不韦将其伪装成太监送入后宫侍奉赵姬，最终导致赵姬怀孕。

当时的赵姬，已经是秦国的太后。她担心自己怀孕的事情被人发现，便谎称自己占了一卦，需要迁徙到他处去避难。嬴政同意母亲离开皇宫，赵姬便带着嫪毐迁至雍县行宫居住，并一连生下了两个儿子。

因为“伺候”太后有功，嫪毐也获得了丰厚的赏赐，并被封为长信侯，拥有山阳作为住地，又有河西、太原郡作为封田。

当秦始皇得知嫪毐并非太监的时候，勃然大怒。他立刻派人去查，果然发现嫪毐并非太监。并且，嫪毐还曾经与太后密谋，一旦嬴政死去，便立他们的儿子为王。

当嫪毐知道嬴政发现了自己的秘密时，便打算先下手为强。他偷来了嬴政和太后的玉玺，调遣军队与嬴政的军队大战。最终嫪毐被生擒，又被嬴政下令车裂，灭三族。就连太后赵姬与嫪毐生下的两个儿子，也被一同处死。

至于嬴政的生母赵姬，则被他逐出咸阳，迁往城外的贡阳宫。嬴政与其断绝母子关系，此生不再相见。

正因如此，秦始皇嬴政才如此看重女子的贞节，对于一生为丈夫守节的巴清，才能如此敬重。

其实，秦朝的律法，从未限制寡妇再嫁。可秦始皇的内心深处，还是隐藏着一份对女子的轻视。他希望全天下的女子都能够为男子守节，也正应了那句从古时便流传下来的话语："饿死事小，失节事大"。

秦始皇并不知道，真正能够让女子用一生去守护的，是那份源自心底的爱情。他的生母赵姬与他的父亲子楚之间并没有真正的爱情，赵姬也不过是当年吕不韦献给子楚的一位美女。赵姬与子楚之间，从一开始便是攀附与利用的关系。赵姬通过嫁给子楚成为王妃，过上了骄奢淫逸的生活。

如此的情感，怎么可能值得赵姬用一生去守护？唯有像巴清这样，在最好的年华遇到最爱的人，哪怕此生长绝，依然能时刻回忆起当年那欲语还羞的羞涩之情，依稀记得两人共剪西窗烛时的旖旎身影。那时的他们，认定彼此就是一生一世一双人。于是，巴清哪怕泪洒今生，也要独自守着夜半更，霜满窗，孤枕伴孤灯。

因此，秦始皇才认定，贞妇的美名，非巴清莫属。人生似梦，难得知心人。秦始皇纵横一生，都没能找到一个令自己痴情的女子。也许他对巴清的尊敬中更多了几分羡慕，羡慕她用前世的五百次回眸，换得此生短暂再续的缘分。

终身未立皇后的皇帝

有一种人生，如风般徜徉，如诗般宁静。拥有此生之人，将世间万物都看得淡泊，活得如云如雾般潇洒飘逸。

能够拥有这样的人生，未尝不是一种幸运。可惜，身为一国之君，则注定要与这样的人生背道而驰。

尤其是像秦始皇这样自幼便有一统天下的野心的人，他的人生注定不会是波澜不惊的。在他有生之年的每一天，都要活出叱咤的豪情。

中国古代的帝王大多都曾册立王后，终生未立皇后的皇帝寥寥无几，秦始皇便是其中之一。

偌大的秦始皇陵，唯有秦始皇一人的陵寝，看上去是那样唯我独尊，又是那样凄凉孤寂。短短十四年，是秦朝在历史上持续的全部时间。然而十四年的时间，是足够让一个皇帝去挑选一个皇后的。

于是，人们纷纷猜测，这并非是时间的原因，而是秦始皇本人根本就不愿意册立一个皇后。因此，无论他的生母赵姬如何操心，无论秦朝的大臣们如何劝说，秦始皇依然是一个在死后孑然一身的皇帝。

也有人说，并非秦始皇不愿册立皇后，只是因为他自视过高，认为自己的功德远远超过了古代的三皇五帝。于是，他根本找不出一个能与自己相匹配的女子。选皇后的事情，便一拖再拖，直到秦始皇死去，也没有找到一个他认为有资格成为皇后的女人。

十三岁，是嬴政即位成为亲王的年纪。翩翩少年，正是风华正茂的大好岁月。然而在少年嬴政的身上，却缭绕着浓厚的阴郁气质。他不似一般的少年那般阳光开朗，仿佛有一团浓浓的黑雾将他牢牢裹住。

光阴匆匆而逝，到了嬴政亲政的时候，他已经是一名二十二岁的青年。嬴政并非没有娶妻，却并未从中挑选出一个他认为能够成为皇后的女人。

从小，嬴政便是一个野心家。当权力真正落在他手中的时候，他已经为自己制定好了一个统一六国的计划。他只用了十七年的时间，就将这个计划变成了现实。为了实现这个计划，他付出了自己的全部青春，当坐上皇位的那一刻，他已经是一名近四十岁的中年人。

于是，册立皇后的事情，便在连年的征战中搁置了。在实现梦想的道路上，一个野心家不会让任何一个女人牵绊住自己前行的脚步。因此，哪怕册立一个皇后只需要极为短暂的时间，秦始皇也不愿将这一点点时间浪费在这上面。

他就是这样一个视权力高于一切的人。任何人与事与他的皇权相比，都是那样微不足道。六国统一之后，便有了大秦王朝。国家不能一日无君，却可以没有皇后。

即便是坐上皇位，秦始皇也无暇为册立皇后的事情分神。他还有更重要的事情要做，那便是亲眼看一看自己一手打下的大好河山。

从三十九岁到五十岁，他几乎花了十余年的时间在路上，为的就是亲自到国家的每一处土地上去巡游一番。在这个过程中，他不仅体会到了皇权的至高无上，也再一次重温了一统天下的成就感。

成为皇帝的嬴政，早已将祖辈的规矩抛在了脑后。从这一刻起，所有的制度将由他来定，世间之事究竟是对是错，也都要由他来评判。

早在秦孝公当政时期，秦国便已经制定了册立皇后的制度。册立皇后就和册立太子一样重要，秦始皇嬴政却偏偏不愿遵守。

虽然拥有至高无上的权力，秦始皇却一生都未曾拥有过真正的爱情。并非是没有女人愿意爱他，而是因母亲带来的心理阴影，让他不愿对任何一个女人交付真心。

他的生母是赵姬，曾经是吕不韦的一名姬妾。当年，还是商人的吕不韦为了政治目的，刻意接近正在赵国作人质的异人，也就是后来的子楚，把赵姬作为礼物送给了他。

当时的异人，是秦国安国君（即后来的秦孝文王）的儿子。只不过，安国君的儿子有二十几个，异人是庶出，既没有贵重的身份，又并非天资聪颖，他的母亲夏姬又并不受宠，因此，异人是一个十分不被安国君重视的儿子。

身为赵国人质的异人，在赵国生活得非常不顺心。赵国人想方设法地欺负、苛待异人，导致异人的生活十分窘迫，更看不出自己还能有任何前途。

每一天，异人都在郁郁寡欢中度过。就在此时，吕不韦出现在了他的生命当中。吕不韦有着商人独有的精明，更有着在政治上独有的敏锐。他一眼就看中了异人，并非是因为异人有什么过人之处，而是吕不韦相信，自己有将他扶上君王宝座的能力。

于是，吕不韦不惜重金贿赂监督异人的士兵，好让自己能够时常与异人来往。吕不韦对异人极好，这也让异人很快就对他信任，甚至将吕不韦当成自己亲人。

吕不韦知道，安国君最宠爱的姬妾是华阳夫人，便想方设法买通了华阳夫人的姐姐，利用她来说服没有子嗣的华阳夫人，收异人为义子。华阳夫人果然同意了，并且，为了自己的利益，她还必须让异人成为太子。

只要有机会，华阳夫人便会向安国君吹嘘异人有多么出色，久而久之，异人果然从一个赵国人质，成了秦国的太子。

而成为异人姬妾的赵姬，容颜妩媚，又聪明伶俐，备受异人宠爱。很快，她就生下了一个男孩，也就是嬴政。

有人说，在吕不韦将赵姬送给异人之前，赵姬便已经怀有身孕。因此，在坊间也流传着吕不韦才是嬴政生父的传言。

嬴政年幼即位，不能亲政，国事大多交给吕不韦和赵姬处理，并且尊吕不韦为仲父。吕不韦的权力越大，嬴政便对他越是忌惮。并且，吕不韦与赵姬之间有着不清不楚的关系，更让少年嬴政如鲠在喉。这也让他对女人十分轻视，有时甚至达到了仇视的程度。

再加上赵姬后来与嫪毐之间的淫乱之事，让嬴政的性格变得越来越复杂、扭曲。他既是高傲的，也是自卑的。这份自卑就来自于母亲的不检点。因此，他常年将这份自卑压抑在心底，并用极度的暴虐来掩饰这份自卑。

渐渐地，嬴政开始由内向、多疑、妄想，变得专制、暴虐、冷酷无情。人人都说秦始皇是一个暴君，其实他正是因为母亲所做的一切才变得失去理智的。

当得知民间还有巴清这样一位贞节的女子之后，秦始皇忽然开始反思，自己对女人的轻视与仇视，是不是有些太过极端。不过，他毕竟是一名皇帝，哪怕知错，也绝不会认错。

即便开始反思，他却依然至死都没有让太后赵姬再踏入咸阳城一步。母亲给他造成的心理阴影实在太大，也许早已没有任何办法能让他与母亲冰释前嫌。

秦始皇这一生，也从未爱过任何女人。因为母亲的影响，他觉得女人都是低贱的。因此，哪怕后宫佳丽成群，也不过是为了满足秦始皇生理上的需要而已。或者说，这些女人的存在，能够让他实现男人对女人的征服欲。因此，他总是觉得，没有任何一个女人能有与自己并肩行走的资格。

统一六国之后，许多原本属于六国后宫的女子，也被秦始皇收入后宫。然而，这些女子，没有一个得到了秦始皇的宠爱。在秦始皇眼中，她们是背弃旧主的女人。她们丝毫不在乎亡国之辱，转过身来就能对新主使尽魅惑之功。

从内心深处，秦始皇鄙视这样的女子。唯有贞节的女子，才能获得他些许的尊重。

当秦始皇巡游到江浙一带时，听说当地经常发生女子逃婚的事情，并且死了丈夫的女人可以再嫁。他觉得，这是完全不符合道德与法规的，于是便有了“会稽刻石”之事。

他认为，寡妇如果带着儿子另嫁他人，就是对死去丈夫的极度不忠贞。如果女子对男子不满意而另找他人，就是淫荡的伤风败俗的行为。将来，这个女人的儿子可以不认她为母亲，别人如果发现这件事，将她杀掉，也不会因此而获罪。

无论走到哪里，秦始皇都要强调妇女的贞节。在他眼中，这甚至是一件关系天下“嘉保太平”的大事。

因此，一生贞节的巴清，才能被秦始皇赐予与自己平坐的权利。

童年的嬴政，几乎从未享受过任何宠爱。从他三岁起，便与母亲一起，被父亲留在赵国做人质。幼年的他，也有了与他的父亲相同的遭遇。好不容易回到秦国，复杂的政治斗争又几乎让他得不到一丝喘息的机会。

因此，他才如此多疑，如此暴戾。再加上母亲的淫乱，导致没有任何女子能让他付出真心，自然也就不会赐予任何一个女人皇后的地位。

当手握皇权，秦始皇也幻想着自己能够成为一个长生不老的皇帝。既然生命不会终止，又何须急于一时。没想到，越是追求长生，生命越是短暂。他还没来得及册立一个皇后，便走上了黄泉之路。

秦始皇的忌讳

一生豪爽岁月，怒看人生风雨。这似乎就是秦始皇一生的写照。如果只看统一六国的战绩，他堪称一代豪杰。只可惜，纵然豪情不悔，也终有落幕的一天。

成为皇帝之后，嬴政便开始唯我独尊。普天之下，似乎没有任何人、任何事让他感到畏惧。如果说他的一生也有什么忌讳，也许就是不愿提及自己也会死亡这件事。

为了那一天永远不会到来，秦始皇开始疯狂地追求长生之道。也许正是因为他对丹药的依恋，才能让他与巴清之间的关系迅速升温，并熟悉起来。

没有人能够说清，巴清究竟供给了秦始皇多少丹砂，作为炼制丹药的原料。只看他对巴清的重视，便知道对于秦始皇追求的长生之术，巴清作出了不小的贡献。

巴清的年纪，比秦始皇大十来岁。那是一个几乎人人短寿的年代，虽然巴清生长的地方名叫长寿，她也终究没能成为一个长寿的女子。

秦始皇将巴清接入皇宫居住不久之后，巴清便与世长辞。从那时起，秦始皇对于死亡，便更增添了几分恐惧。

也许是为了看一看自己一手打下的大好河山，也许是为了在异地找到长生不老的奇方，秦始皇便开始了漫长的巡游之路。

公元前211年，秦始皇派出的出巡队伍正走在路上。当时正值秋季，阵阵凉风吹着地面上厚厚的落叶。这一次，秦始皇并不在出巡的队伍中，却突然有一个人拦住了走在前面的车马，一句话都没有说，只是在秦始皇的使者手中塞了一块玉璧，便转身离去。临走之前，那人说了响亮的五个字："今年祖龙死。"

使者反复品味着这几个字的含义，"祖"便是始祖，"龙"便是皇帝。连起来想，"祖龙"不就是"始皇"？想到这里，使者已经吓得浑身发抖，那个将玉璧塞进他手中的人，也早已不见踪影。

意识到事关重大，使者便加快了奔赴回咸阳的脚步。一回到咸阳，他立刻将路上的这个奇遇告诉了秦始皇。

这件事，简直犯了秦始皇最大的忌讳。他最担心的就是自己的生命不够长久。那人的这句话，仿佛是一句诅咒，时刻笼罩在秦始皇的心头，让他的胸口堵得慌。

这并非是秦始皇此生听到的第一个诅咒，早在十年之前，他决定修建阿房宫的时候，民间就流传着这样的歌谣："阿房，阿房，亡始皇。"

虽然十年过去了，那句歌谣也并没有成真，可这并不代表秦始皇对死亡一事毫不介意。如今再一次出现了类似的诅咒，已经不再年轻的他难免心惊肉跳。

仿佛印证了那句"祸不单行"，不久之后，秦国的东郡又从天上掉落了一块陨石。民间流传着，那块石头从天而降时便带有六个大字："始皇死而地分。"

秦始皇无论如何不肯相信陨石降落人间竟然还带着这样的字迹，他认定是有人搞鬼，便派御史前去彻查。

到了东郡，御史依然毫无头绪。嫌疑人倒是有许多，不是对赋税不满的百姓，就是被吞并的六国贵族后裔。可是，真凶抓不到，御史也不知该如何向秦始皇交代。

无奈之下，他只得将那块刻着字的陨石烧掉，再将陨石降落地点附近的百姓统统杀光。太多无辜者的性命就与这块陨石一同灰飞烟灭，对于御史的处理方法，秦始皇并未感到痛快，只是郁郁寡欢地让御史退下。

这桩草草了结的悬案，仿佛在秦始皇的胸口压了一块大石头。他再一次拿出那块神秘人交给使者的玉璧，竟然惊讶地发现，那块玉璧，原本就属于他自己。

不过，这块玉璧早在八年前南巡的过程中，就已经不小心掉入长江之中。如今鬼使神差地再一次回到自己手中，秦始皇更加有几分相信，也许那个诅咒真的就要应验了。

如此巨大的打击，让秦始皇几乎招架不住。他的身体每况愈下，就连说话都有气无力。

那个神秘人说的是“今年祖龙死”，此时已是秋季，距离年底，仅剩下几个月的时间。

此时，秦始皇又回想起一年前，一个叫卢生的江湖术士告诉他，要经常出巡，才能驱避身上的恶鬼，并且不要让人知道皇帝住的地方，才能获得长生不老的仙方。

从那时起，秦始皇就开始自称“真人”，也将咸阳城方圆二百里的二百多座宫殿里，安排了许多美人，制造出皇帝在此的假象。至于秦始皇究竟身在何处，除了近旁的侍从与臣子，再无外人知晓。如果有人敢透露出秦始皇所在之处，便立刻就会被处死。

为了不让这条诅咒应验，秦始皇再一次找到术士占卜。卦上说，只有出游或者迁徙，才能保住性命。

身为皇帝，哪能轻易迁徙？于是，秦始皇决定再次出巡，又命令三万人家代替自己迁徙到匈奴的北河榆中，许多人在这长途跋涉之中丧了命。

公元前210年10月，秦始皇开始了人生当中的第五次出巡。他已年近五十，不再年轻，且身体有患有重疾。从出巡的一开始，他就应该猜到，也许这将成为他人生当中的最后一次出巡。

一个月后，秦始皇来到了九嶷山，在那里祭祀大舜，之后，便乘船经过丹阳，来到了钱塘。因为水流湍急，一行人只好向西绕道而行，并在会稽祭祀了大禹，之后便踏上归程。

一路上，秦始皇都在猜测，那个留下诅咒的人，说不定就隐藏在他的身边。可究竟是谁，他暂时还看不透。

他先是想到了李斯，从表面上看，他是最忠于秦始皇的人。李斯年轻的时候，只不过是楚国一名掌管文书的小官。他原本并没有太大的追求，却在一次如厕时，无意中看见一只老鼠正在啃食粪便，忽然让他感觉到，生存竟然如此艰难。

不久之后，在国库的粮仓里，李斯再一次看到了老鼠。吃着粮仓中的米活下来的老鼠，与之前那只的瘦弱截然不同，这只肚满肠肥，十分安逸。李斯更加感叹，做人也是如此。他宁愿做吃着国库粮仓里的米的老鼠，也不愿成为啃食粪便的那一只。

于是，李斯决定要出人头地，便来到当时的秦国，后来吕不韦的器重而成了一名小官。不过，李斯还有更高的追求，那就是受到秦王的重用。

为了让秦王注意自己，李斯上了一道奏折，鼓励秦王统一中原。在奏折中，李斯将当时的时局分析得十分透彻，终于如愿以偿地被秦王提拔为长史。

与此同时，李斯开始贿赂六国的君臣，让他们分崩离析，好让秦国各个击破。

正在李斯准备大干一场的时候，一场驱逐外人的运动再一次将李斯打回了原形。所有秦国以外的人，都遭到了驱逐。身为楚国人的李斯也不得不离开秦国，在秦国边境的一个地方蜗居了起来。

不愿认命的李斯，写了一道《谏逐客书》，想方设法呈送给秦王。其中恳切的言辞终于让秦王动容，也打消了秦王驱逐外人的念头。李斯如愿以偿地回到秦国，并被封为廷尉。

为了保住自己在秦王身边的地位，李斯不惜杀死了昔日的同窗韩非。

当秦始皇统一六国之后，李斯又上疏建议秦始皇加强中央集权，以免六国再次分裂。之后，他又建议秦始皇，将《秦记》以外的史书统统焚烧，如果有人谈论其他书籍，便统统处死。

于是，便有了公元前212年那场“焚书坑儒”，多少无辜人的性命与书籍，在这个事件当中被无情摧残。

在秦始皇的心目中，李斯的地位也越发重要。想到此处，秦始皇相信，那个背后的始作俑者一定不是李斯。如果秦始皇能够得到长生，李斯的地位也就永远能够保住。也许，李斯比秦始皇自己更希望他能得到永生。

于是，秦始皇又想到了赵高。他原本是赵国人，赵高的祖上，就是赵国在秦国的质子，是赵国不得宠的贵族。

赵高是一名私生子，他的母亲是一名奴婢，赵高一生下来就遭到阉割，成了宦官。赵高天生聪颖，却没有用在正处，而是全部用在了权谋与算计上，也得到了秦始皇的喜爱与信任。

秦始皇还让自己的儿子胡亥拜赵高为老师，教胡亥学习律令。胡亥也十分喜欢自己的老师，这让秦始皇对赵高更加看重。

因为这层关系，秦始皇确定不会是赵高在背后诅咒自己。于是，他便又想到了重臣蒙毅。

蒙氏一族，都为秦国立下过汗马功劳。一家三代都是秦国重臣，对蒙毅与蒙恬两兄弟，秦始皇也十分看重。

可是，就连秦始皇在沙丘病重时，蒙毅都不曾把这个消息透露给他的兄弟蒙恬以及与蒙恬交好的公子扶苏，这说明蒙毅对秦始皇是极度忠心的。

思来想去，秦始皇依然没有理出任何头绪。几个月的光景，就这样悄然逝去。一年将近，秦始皇也真的死在了回归咸阳的途中。

即便是再忌讳死亡，人也终究难逃生死轮回。即便是服用再多的“长生不死”之药，也不过是加速了秦始皇死亡的速度而已。人哪有长生不老，有的只是欲求不满的贪心。

皇帝的平民客人

身为一名开国之君，必定有着极大的野心。秦始皇的野心，也许是源于从小的自卑，也许是源于后天养成的对世界的征服欲。无论如何，这份野心让他注定不会成为一个平易近人的皇帝。

关于秦始皇的为人，历史上有过许多误解。有人说他异常残暴，就连平民百姓的生命都能任意屠戮。甚至有人说，在统一六国的过程中，秦始皇曾经对六国百姓进行过多次大屠杀，手段极其残忍。

其实，只要细想就能知道，秦始皇征战的目的，是为了将六国统一。他想做一个一统天下的皇帝，而并非是一个滥杀无辜的屠夫。

事实上，在征战六国的过程当中，秦始皇从未下达过屠杀与掠夺的指令，甚至还尽量保证百姓的生活不受到侵害。就连对士兵造成的伤害，秦始皇也尽量控制到最低。

当年，为了刺杀秦始皇，燕国太子丹找来荆轲作为刺客，假意呈献燕国地图，要将秦始皇置于死地。然而，荆轲刺杀失败，被秦始皇当场处死。如果秦始皇真的像世人传说的那样残暴，在攻打下燕国之后，他不会仅仅是将燕国吞并那么简单，而是会血洗燕国，下令屠城。

然而，他并没有那样做。这一点，比后来人称“西楚霸王”的项羽实在好上太多。

当年，项羽攻入咸阳，不仅下令屠城，还火烧阿房宫。据说，那一场大火整整烧了三个月都没有熄灭。即便如此，后人还是对项羽多有称赞。

人人都说秦始皇残暴，也是因为他的残暴，秦朝才得以统一六国。也许，这并非当时百姓对秦始皇的真实看法，而是被一些所谓的占据道德制高点的人刻意编造出来的。

万人之上的皇帝，总是会受到世人的评价。这评价自然有褒有贬，无论褒贬，其中都掺杂着许多不实的成分。

有人为了获得权势与地位，对皇帝曲意逢迎；有人因为不满皇帝在万人之上，便会刻意诋毁。

秦始皇统一六国之后，不仅没有肆意屠城，反而对六国百姓一视同仁。在他的眼中，没有秦国人与他国人之分。既然他已经建立了大秦王朝，普天之下的百姓便都是秦朝人。

也许，对秦始皇诋毁最多的，就是那些儒家学者。秦始皇的确不是一个斯文的人，能够将六国一举击败，足以证明他的个性之中有许多强悍的地方。于是，对于儒家学者强调的那些所谓道德，一定会有许多忽略的地方。

在一些儒家学者眼中，秦始皇就成了一个不道德的人，一个暴君，一个肆意践踏别人生命的人。

在他们的口中，秦始皇打下赵国的第一件事，便是为了报仇而屠杀赵国人。

当年，秦始皇的父亲异人，就是赵国的质子。异人回到秦国之后，便把年幼的嬴政和他的母亲赵姬留在赵国，继续作为人质。可以想象，身为质子的嬴政，一定不会受到赵国人的礼遇。因此，对于赵国人，秦始皇是的确有一些仇恨。

可并不是每一个赵国人都曾经欺负过年幼的嬴政，秦始皇也不会昏庸到将每个赵国人都当作仇人。

不过，战争总要付出代价，也总会有无辜的生命为此牺牲。

如果秦始皇真的像传说中的那样“不亲民”，也不会对平民出身的巴清如此尊重，更不会将她接到咸阳城好生供养。无论巴清多么贞节，多么富有，在秦始皇的眼中，她都只是个原本属于巴国的百姓而已。

唯一合理的解释，便是秦始皇对普通百姓并没有任何成见。百姓是国家组成的一部分，只有百姓生活得好，一个朝代才能真正兴盛。

除了残暴，世人还说秦始皇穷兵黩武。可人们忽略了，想要统一六国，除了武力之外，没有更好的办法。吞并任何一个国家，都不能只靠三言两语，就让对方下跪投降。而一个国家之所以能够被吞并，只能证明这个国家弱小，或者内部出了问题。

无论秦始皇是以怎样的方式成为一统天下的国君，似乎都与巴清没有任何关系。她不过是巴国的一名普通女子，如果说她的身份中有可以称之为不普通的地方，便是她独自经营着丈夫留下来的丹砂开采生意。

她安分守已地做着一个商人，无论国君是谁，她都像往常一样平静地生活着。直到有一天，秦始皇派来的使臣走进了巴清家的大门。巴清与秦始皇之间，才第一次被牵上了一根无形的线。

巴清与秦始皇，一个是平民女子，一个是一国之君。他们之间的关系，并不是人们传说中的爱情关系。秦始皇之所以愿意与巴清来往，只是出于他对这个外形弱小，内心却异常强大的女子的尊敬。

这份尊敬，是由心而生的。因为这份尊敬，秦始皇才希望将巴清邀请到咸阳城的皇宫里，让她成为自己的客人，好好接受自己的招待。

于是，几乎很少离开家乡的巴清，第一次来到了繁华的咸阳城。城中的一切都比她生活的那个闭塞之地好太多，这里的道路更加平坦、宽敞，这里的建筑更加高大、华丽。这里的人们脸上的表情，都带着一丝自豪的神色，只因为他们生活的地方，叫京城。

然而，无论别人脸上的神情有多么骄傲，都比不上此时的巴清身份高贵。她是秦始皇的客人，是第一个以平民的身份走入皇宫的人。

此时的巴清，早已不再年轻。她的容貌，原本就算不上国色天香。如今青春已逝，巴清的容貌便显得更加普通。

可是，为了迎接巴清，秦始皇在皇宫里举办了一场隆重的仪式。这场仪式的规格，完全不低于迎接任何一个贵宾的规格。

更让皇宫中人没有想到的是，秦始皇大费周章迎接的，就是这样一个看上去毫不起眼的女人。联想起秦始皇平日里对待自己的后宫不冷不热的态度，宫中人纷纷开始猜测巴清究竟是什么来历。

没有人知道，像秦始皇这样一个整日为国事忙碌的皇帝，为什么要如此隆重地接待一个普通百姓。人们更不明白，即便巴清是一名出色的女商人，又为什么会成为秦始皇的座上宾?

当人们得知巴清是一名寡妇的时候，脸上才露出了恍然大悟的表情。他们的嘴角开始上扬，眼神中出现了一些只可意会不可言传的内容。

他们认定，巴清与秦始皇之间，一定有某些不可告人的关系。可与此同时，宫人们也不太理解，为什么秦始皇会看上一个比自己大上许多，早已青春不在的老女人。

当巴清在皇宫里居住的时日久了，宫人们才终于发现。对巴清，秦始皇始终是以礼相待的。在秦始皇的举手投足之间，甚至还表现出人们从未看到过的谦逊与尊重。

他是如此高傲的一个皇帝，脾气又略显暴虐。可每当在巴清面前，秦始皇却仿佛换了一个人，让身边的宫人们几乎不敢相信。

他们并不知道，虽说在他们眼中，巴清不过是一名普通的女商人，可她却并不普通。

经商是为了获得财富，而想要让财富增值，没有那么简单。钱不会自己生钱，需要人用心去经营、管理。就连司马迁都曾经在《史记·货殖列传》中说："富无经业，则货无常主，能者辐凑，不肖者瓦解。"

也就是说，不止一种行业能让人致富，而财富也没有永恒不变的主人。有能力的人，即便是白手起家，也能积累万贯家财；没有能力的人，即便是守着一座金山，也会很快消耗殆尽。

在这方面，巴清无疑是最出色的。不过，世间的商人千千万，秦始皇却唯独尊敬巴清这一个，想必这其中并不只是因为巴清的贞节。不过，其中的真正原因，也已经被秦始皇带到地下，成为一个千古之谜。

秦始皇的痛与伤

世间最痛苦的，莫过于心伤。深埋于心底的伤痕，在血与泪的浸泡下，久久不能结痂。纵然眼前满是流光韶华的春景，心底却依然充满了秋日的颓败凋零。

与秦始皇相识之后，巴清也曾向他倾吐过自己的心伤。从丈夫的早逝，再到多年来经营生意的坎坷，多少看得见、看不见的伤口，巴清只能独自默默地舔舐。看着巴清已经不再年轻的容颜，就连一向被人认为暴虐的秦始皇，也忍不住一阵唏嘘。

相处得久了，巴清发现秦始皇并非如同人们传说的那般残暴。她比秦始皇大十几岁，即便称不上秦始皇的长辈，至少也算得上他的姐姐。

君王与平民之间，自然是不能以姐弟相称的，巴清也没有这份奢望。她只是将秦始皇当成一个朋友，一个可以倾吐心事的朋友。

在巴清面前，秦始皇似乎可以卸下一切防备。从小到大，他的身边都没有一个像巴清这样能够触碰到他内心的女性，就连他的生母赵姬都没能做到。当年，赵姬忙着与别的男人偷情，几乎很少对年幼的嬴政表示关心。

长大以后，嬴政成了君王，围绕在他身边的女子，不是渴望他的恩宠，就是畏惧他的权势。她们说的话，都是经过仔细斟酌的，只说皇帝爱听的话语。可是这些话语，又有几分真心？

唯有巴清，她如同姐姐关心弟弟一般，倾听秦始皇的心事。也唯有在巴清面前，秦始皇才能毫无顾忌地说出许多从未对别人说过的真心话。

巴清第一次知道，原来身为君王，也会有如此多的无奈和伤痛。也是第一次知道，原来秦始皇并非是一名残暴成性的君王。普天之下最让他感到痛恨的，只有那几个人而已。

秦始皇告诉巴清，因为秦国与其他六国之间多年的征战，许多在武力上不能战胜秦国的人，都想过派刺客将他暗杀。这些刺客当中，就包括一个叫荆轲的人，也是他，险些就要了秦始皇的命。

当时，秦国将军王翦攻破赵国，将赵王俘虏，并夺取了赵国大片土地。之后，秦国军队便经过赵国的土地，一路向燕国开进。

燕国的太子丹担心秦国攻破燕国，便请求荆轲去刺杀秦始皇。荆轲知道，秦始皇当时最想要的，就是樊於期将军的头颅，以及燕国督亢一带的地图。如果他能够得到这两样东西，一定就能接近秦始皇。

太子丹不忍心杀死樊於期，荆轲便私下找到樊将军，动之以情，晓之以理，向其讲解自己刺杀秦始皇的计划。将秦始皇置于死地，是樊於期做梦都想做的事情。为了实现这一目标，他宁愿舍弃自己的头颅。

太子丹又找来世上最锋利的匕首，让工匠在淬火时将毒药浸透到匕首当中，只要被这把匕首割破一点皮肤，就会立即死亡。

荆轲临行的那一天，太子丹和他的宾客们都身着一身白衣，头戴一顶白帽给荆轲送行。

到了秦国之后，荆轲果然凭借樊於期的头颅和燕国督亢一带的地图见到了秦始皇。他谎称自己是燕国的使者，特意带着礼物来向秦国求和。

秦始皇信以为真，还特意换上一身上朝的礼服，安排隆重的九宾大礼仪式，在宫殿里接见荆轲。

荆轲手捧地图，献给秦始皇。当地图全部打开之时，事先卷在里面的匕首也露了出来。荆轲左手抓住秦始皇的衣袖，右手拿着匕首朝秦始皇猛刺过去。可惜这一下并没有刺到秦始皇。秦始皇一面惊骇，一面挣扎着扯断了衣服的袖子，又在匆忙中拔出了宝剑。

荆轲手拿匕首，追在秦始皇的后面。秦始皇便在大殿上绕着柱子跑了起来。殿堂上的臣子们几乎都被吓傻，他们手中又没有兵器，有兵器的侍卫如果没有君王的命令，又不能走上大殿，于是，众人只能眼睁睁地看着秦始皇被荆轲追着跑。

就在此时，秦始皇随身的医官夏无且将手里拿着的药袋扔向了荆轲，趁着荆轲躲避药袋的瞬间，秦始皇用剑砍断了荆轲的左腿。负伤倒下的荆轲，还不忘将手中的匕首扔向秦始皇，可是依然没能刺中秦始皇，只是刺中了柱子。

这下，荆轲手中再无兵器，秦始皇用剑继续砍向荆轲。

荆轲临死之前，还不忘告诉秦始皇，之所以没能将他刺死，是因为原本想将他生擒，让他在契约上签字，来回报燕国太子。说完这句话，荆轲就被赶来的侍臣斩杀了。

那一次，秦始皇又惊又怕，荆轲死后，他还头晕眼花了好长一段时间。

即便是时隔多年，再对巴清讲起此事，秦始皇的眼中依然燃烧着怒火。他说，自己痛恨荆轲，也恨燕国太子丹。荆轲只不过是刺杀秦始皇的执行者，而太子丹才是整个刺杀事件的始作俑者。

太子丹曾经在秦国做质子，与秦始皇之间的关系也还算融洽。可太子丹竟然反过来刺杀旧友，这怎么能不令秦始皇愤怒？

按照距离远近，秦始皇本来打算最后一个消灭燕国。因为这件事，他决定，立刻令王贲攻克燕国都城蓟城。

经历了这次事件，秦始皇时刻都担心有人会再来刺杀自己。虽然他做好了万全的防御准备，却每一天都在遇刺的担忧中度过。而这一切，都是拜太子丹所赐。

也许除了巴清，再没有任何一个女人看到过秦始皇如此无助的模样。原来他也有担忧，他也会害怕。只是平日里的他，都躲在一个强悍的外壳之内，只有在巴清面前，他才能表现出自己本来的样子。

巴清没有想到的是，在秦始皇痛恨的人里，竟然还包括他的亲生父亲嬴异人。

当年，嬴异人本是秦国派到赵国的质子。可是，当嬴异人与赵姬在赵国生下嬴政之后不久，便与吕不韦从赵国逃跑，将赵姬和嬴政扔在了赵国的邯郸。

嬴异人这一走，就是十年。他逃走时，长平之战刚刚结束，赵国人将一腔愤怒都发泄在了年幼的嬴政与赵姬身上。这十年所受的耻辱，令嬴政永生难忘。因此，为了泄愤，当赵国被攻破之后，秦始皇特意亲自赶到邯郸，将当年欺负他们母子的仇家统统斩首、灭族。

即便如此，秦始皇也并没有完全解恨。与那些曾经欺负他的人相比，他更恨嬴异人。如果不是他将嬴政母子扔在了赵国，嬴政怎么可能会遭受长达十年的屈辱？可惜，他不能将仇恨发泄在自己父亲的身上，却也无法对父亲表示原谅。

成为君王的路，注定遍布坎坷。在坐上皇帝宝座之前，不仅有人想要刺杀嬴政，更有人想要取代他成为秦国的国君。

那个人便是长安君成蟜。长安君成蟜的母亲秀丽夫人，本是韩国公主，身份比赵姬高贵许多。成蟜算得上是嬴异人的嫡长子，而嬴政不过是庶子而已。

当嬴异人成为秦王之后，秦国人都以为成蟜会成为下一任的君王。当时嬴政虽是太子，可是他却不是在秦国出生、长大的。他在秦国的根基，自然也没有自幼生长在秦国的成蟜深厚、稳固。

嬴异人死后，嬴政还是成了秦王。可成蟜并不死心，在军中，成蟜有数不清的拥戴者。他以此为资本，与秦始皇争斗了许多年，最终决定在上党郡谋反。

可惜，这场谋反很快就被秦始皇镇压下来，参与谋反的数万名秦军将士全部被秦始皇斩杀，就连上党郡的百姓，都被迁到西部临洮去开荒。

在与秦始皇的交谈当中，巴清总是能听到吕不韦的名字。每当秦始皇提到这个名字，他眼中的情感总是异常复杂的。那感情中似乎有钦佩，有敬重，也有说不清、道不明的恨意。

对于嬴政来说，吕不韦的确一直如同父亲般对他照拂、教导。有人说，嬴政根本就是吕不韦的儿子，无论真实与否，嬴政都的确喊吕不韦一声仲父。

没有人知道，这一声仲父，秦始皇是叫得多么不情愿。当年就是吕不韦将嫪毐送到赵姬的身边，才让身为秦王的他蒙受奇耻大辱。

不过，在除掉长安君成蟜和嫪毐的过程中，吕不韦却对秦始皇有极大的帮助作用。也许正是因为多年的感情，秦始皇才没有将吕不韦处死，只是削去了他的官爵，将其发配到蜀郡。

如果说秦始皇对吕不韦的感情是复杂的，那么对嫪毐，就只有咬牙切齿的恨。

其实，将嫪毐送到赵姬身边时，吕不韦也不曾想过，赵姬会真的爱上嫪毐。可是后来，赵姬不仅怀了孕，还一连生下了两个嫪毐的儿子。

自己的母亲与人私通，还生下两个儿子，这让身为秦王的嬴政颜面何存？更何况，嫪毐竟然大言不惭地称自己为假父，也就是说，他认为嬴政也应该叫他一声父亲。

秦始皇就这样默默地隐忍了多年，因为秦国的许多高官都已经被嫪毐收买。不过，秦始皇一直在寻找机会，一举将嫪毐处死。

这个机会果然被他找到了，将嫪毐生擒之后，秦始皇下令在咸阳的闹市中将嫪毐车裂。嫪毐的家族被满门抄斩，赵姬与嫪毐所生的两个儿子，也被秦始皇命人装进麻袋，活活摔死。那些曾经与嫪毐有关系的人，无论官职高低，无论身份贵贱，一律贬为官奴，发配蜀郡。

巴清知道，与其说秦始皇痛恨嫪毐，倒不如说他痛恨自己的生母赵姬。秦始皇一生的大部分耻辱，都是拜母亲赵姬所赐。

当年在赵国为人质时，是嬴政最依赖母亲的时候。他们堪称一对患难母子，即便是最初回到秦国的岁月里，母子之间也依然存在着深厚的感情。

直到秦始皇登上皇位，赵姬似乎再也无所畏惧。她变本加厉地在后宫玩乐，甚至在有了嫪毐之后，一度萌生了将嫪毐扶上皇位的想法，并打算将皇位传给她和嫪毐所生的儿子。

曾经的患难母子，在那一刻成为仇人。秦始皇从未想过，为了所谓的爱情，母亲竟然想要牺牲掉他这个儿子。浓浓的恨意，渐渐覆盖了曾经的母子之情。处死嫪毐之后，秦始皇也将赵姬终身囚禁在萯阳宫。只要谁敢替赵姬求情，立刻杀无赦。据说，当年秦始皇一连杀死了二十七个为赵姬求情的大臣。

听到秦始皇讲述这些，巴清萌生出一丝同情。眼前这个如同弟弟一般的男人，是至高无上的皇帝，却也如同一个可怜的孩子一般令人心疼。

第四章

丹砂

血红色的历史密码

血红色的历史真相

丹砂的红，浸染了一段岁月。如血的颜色，既饱含着对生命的渴望，又仿佛蕴藏着死亡的诅咒。

在经营丹砂生意的过程中，巴清得知，巴蜀之地并不是最早出产丹砂的地方。她听说，最早出产丹砂的地方名叫黔中郡，也就如今的贵州。

生活在黔中郡的濮人，也就成了传说中最早开采丹砂的人。据说，当时的濮人，只能靠自然的力量来开采丹砂。他们在朱砂井、淘砂溪一带寻找丹砂石块，并没有特别的探测工具，只能凭借经验，以及所谓的缘分。

从夏代开始，濮人就已经建立了自己的国家，他们将自己的国家称为“大元国”，生活在山中的濮人，也被人们视为“天之子”、“人中精灵”。由濮人所发现的丹砂，则成了受世人敬仰膜拜的神物。

关于濮人第一次发现丹砂的经历，还有一段古老的传说。相传那是在远古时期，濮人中有一个青年名叫巫信。他在打猎时，不小心掉进了一个红色的水坑。好不容易从水坑中爬出来，巫信的脸被红水染成了红色。

野兽一看到巫信的脸，便立刻害怕了。从此以后，每当濮人外出打猎，都会把自己的脸抹成红色，用来吓唬猎物。而将巫信的脸染红的东西，就是丹砂。

黔中郡一带的丹砂开采与贸易，带动了当地的经济发展。

后来，一个名叫鬼注的青年，在无意中将丹砂石放到了柴火上。没想到，丹砂石竟然燃烧了起来。燃烧之后的丹砂，便形成了水银。这是人们第一次发现水银的炼制方法，周文王将这种方法记录了下来，传给后世子孙。

到了周朝，君王们认为，等自己死后，将自己生前亲手炼制的水银放在口中、手心、脚心等处，会令自己上天成仙。

也许正因为这一传说，秦始皇才如此相信“不老神药”的存在。当他统一六国之后，便派人四处寻找这种神药。直到遇到巴清，他才知道在黔中郡一带有一座仙山，里面藏满了不老丹。据说，仙山上方的天空，有七只鹰来回巡逻，以防有人来窃取仙丹。在仙山之外，还有八只猛兽负责把关。并且还有一条宽阔的河流，将仙山与外界隔绝开来。想要得到里面的仙丹，几乎是不可能的。

巴清只知道在她出生以前，丹砂开采已经发展到了怎样的阶段，却并不能预测在她死后，丹砂开采又会形成怎样的规模。

就在她死后不久，秦始皇嬴政也死在了南巡的途中。此后的中华大地，经历了非常激烈的战争。最终，刘邦成了这场战争的赢家，也成为汉代的开国皇帝。

人人都知道，秦始皇当年为了追求长生不老，将丹砂视为炼制“不死神药”最重要的材料。于是，自秦始皇之后，几乎每一位皇帝都将长生不老的梦想寄托在丹砂之上，对于丹砂的需求也越来越大。

汉代时期，不仅是皇帝需要大量的丹砂，那些达官显贵与皇亲国戚们也都以能够拥有丹砂为荣。越来越多的汉人涌入出产丹砂的地区，凭借更加先进的工具，占得了开采丹砂的先机。

到了隋朝年间，丹砂更是成为地方上贡朝廷的贡品。尤其是黔中郡地区，除了向朝廷进贡丹砂，还同时要进贡用丹砂提炼出来的水银。

宋代年间，以丹砂提炼的水银，更是明确地被列入每年向朝廷进贡的物品清单上，载入丹砂出产之地的县志当中。

巴清在世时，对于丹砂的开采方式十分熟悉。她所拥有的丹砂矿，每一处的深度都有十五六里。采矿工人下矿开采时，都带着皮质的帽子，每一次下矿开采，都至少需要一个昼夜的时间。

丹砂的品质也有好坏之分，如同芙蓉箭镞的，便是丹砂中品质最优的。长在白石山的丹砂，则可以称之为砂床，品质稍差一些。至于那些碎小的丹砂，只能算是最末等。

当时，巴清的手下有许多开采丹砂的工人。这是他们谋生的手段，更是他们主要的收入来源。当时的巴清并没有想到，到了明代，丹砂竟然还能与钱币的功能等同，可以用来交易商品。

其实，许多人从巴清这里购买丹砂，并不是为了炼制所谓的“不死神药”。许多书画爱好者都知道，丹砂是作画时的一种颜料。用丹砂作画，其颜色红润亮丽。只是，能够将丹砂来作画的，不是富贵人家，就是对书画爱得痴迷之人。

从购买丹砂的客人那里，巴清还听说在很多年前，有人将丹砂研磨成粉末，再将丹砂粉末涂抹在甲骨文上。鲜红的粉末嵌入刻在甲骨上的刻痕里，文字便会变得异常醒目。

在黔中郡，有个地方叫大万寿山。民间一直传说，那里才是最早出产丹砂的地方。因此，那里开采丹砂的方法与技巧，比其他地方更成熟。就连巴清当年所采用的丹砂开采、挑选、冶炼方法，都得益于从那里传出来的技术。巴清觉得，从大万寿山流传出来的丹砂开采方法，简直就可以称之为奇迹。

早在商代时期，黔中郡的濮人等少数民族，便开始顺着河流，向上游寻找丹砂的踪迹。他们发现大崖石头中含有许多红色的丹砂，却很难用手取出来。

直到有一天，他们因为肚子饿，便在野外打来野兔等野味，又找来干柴，生起火堆，打算将野味烤熟来吃。没想到，因为火堆离岩石太近，岩石也被烧热。就在此时，天空中突然下起了大雨。刚刚被烧热的岩石一下子被大雨浇凉，突然爆裂了开来。

就这样，岩石中所藏的丹砂洒落了出来。濮人们这才知道，原来将岩石烧热，再骤然冷却，可以令岩石崩裂，丹砂崩出。这不失为一种开采丹砂的好办法，于是，他们便先用火将岩石烧热，再用冷水淋到岩石之上，果然十分好用。这种偶然间得到的方法，也被濮人们成为“火爆法”。

“火爆法”虽然有用，却并不十分好用。到了西周年间，丹砂开采的方法有了更大的进步。当时，一名梵氏女子用青铜制成的工具，沿着悬崖上的丹脉敲凿，便轻松取出了岩石中的丹砂。久而久之，那名女子在悬崖上敲凿出一个个洞穴，成为后来的丹穴。

那名梵氏女子将采来的丹砂献给周武王，周武王服下之后，心悸不宁的毛病渐渐好转。周武王觉得，自己服食丹砂之后神清气爽、体力倍增、头脑敏捷，旁人也觉得他的面色更加红润。周武王一高兴，便将出产丹砂的拿那处悬崖敕封为“大万寿山”，也就是如今的万山。

在巴清最初开始经营丹砂生意的时候，也曾经使用过“火爆法”和“敲凿法”。不过，当她与秦始皇开始来往之后，开采丹砂的方法也在无意中升级了。

当年，巴清所在的巴国被秦国所灭，巴氏兄弟便离开家乡，分散于各地。因为智慧出众，巴氏兄弟便取得了许多丹砂矿的开采权，巴清的丈夫，便是其中一个。

秦始皇统一天下之后，巴清将大量的朱砂和水银作为贡品献给他。当秦始皇从巴清口中得知，还有大万寿山这样一个盛产丹砂的地方，便立刻派出方士徐福前去寻找，并凿石取丹，炼制长生不老神药。

在一次炼制丹药的过程中，人们发现将一硝二磺三木炭结合在一起，便会产生火药。虽然“不死神药”最终没有炼成，却意外地得到了一个开采丹砂的绝佳方法。

只要用铁器工具在岩石上凿出孔洞，再将火药填充进去，点燃引线，就能将岩石爆破，取出丹砂。这一方法，也令丹砂的产量迅速得到提升。

自从巴清向秦始皇提到那座盛产丹药的仙山，秦始皇便对其念念不忘。他派出许多人去寻找仙山，虽然并没有找到所谓的仙山，却找到了盛产丹砂的大万寿山。

其实，所谓的仙山，就是大万寿山。秦始皇很快便派人在那里大量开采丹砂，并且就地搭建丹炉，炼制丹药和水银。

秦始皇之后，也有许多朝代的皇帝在大万寿山炼丹。据说，汉朝一位皇帝就曾亲自在洞中炼丹，死后也埋在了那里。

关于用丹砂炼制“不死神药”的传说，并未因为秦始皇的死而绝迹。相反，到了后世，更多的人渴望通过丹药长生不老，丹炉上方的袅袅烟雾，也常年未曾停息。

丹砂与战争

风雨轻掩了光阴的门扉，明月清寂地照亮着天涯。自从被秦始皇接入皇宫，奉为上宾，巴清也已经习惯了坐看京城的繁华。在宫中的生活，热闹而又孤寂。皇宫中所有人都对巴清毕恭毕敬，只可惜，那个她最希望陪伴在身边的人，永远都不可能再与她对影成双。

秦始皇有太多的国事要忙。对于他来说，巴清是自己尊敬的一位宾客，虽然在空闲时他也愿意与巴清对坐相谈，却并不会将太多时间花在她的身上。

在皇宫中这种清寂的生活，也许是宿命对巴清最好的安排。她过早地失去了丈夫，以贞妇的身份孤独地生活了大半生，一刻不停地操持着丈夫留下的生意。

巴清与秦始皇因丹砂而相识，两人对坐闲谈时，聊得最多的，自然也是与丹砂有关的话题。

聊到丹砂，自然会不知不觉聊到仡佬族，那个世代崇尚丹砂的民族。巴清对于丹砂的开采、功效与使用自然十分熟悉，却是从秦始皇那里第一次听说，这朱红色的矿藏，还曾经引起过许多残酷的战争。

巴清从丹砂中收获的除了财富，还有身份与地位。似乎丹砂赐予巴清的，大多是喜，而丹砂却给仡佬族人带来了大量的悲。

仡佬族人开采丹砂的岁月，比巴清生活的年代还要早上几百年。他们世代生活在云贵高原深处，以水淘砂，以火制贡。丹砂不仅是他们用来治病的良药，更成了他们精神上的信仰。

古老的仡佬族人，坚信丹砂就是象征着生死轮回的圣物。他们对这一“圣物”顶礼膜拜，祈求它赐予他们没有病痛的人生，以及安宁祥和的生活。谁知，这所谓的圣物，却为仡佬族人带来了灾难。一场因为追求长生而掀起的风波，很快就打破了大山深处的宁静。

不知何时开始，丹砂能够令人长生的消息，从大山深处传到了四面八方。来自各地的商人纷纷涌入了仡佬族人生活的地方，想要将仡佬族人心目中的圣物变换成财富。

懵懵懂懂之间，仡佬族人渐渐沦为开采丹砂的工人。商周时期的君王甚至强迫他们将丹砂作为贡品，定期呈送到宫中。到了春秋战国时期，诸侯割据一方，仡佬族人遭受的压迫也愈演愈烈。

终于，仡佬族人再也无法忍受自己的肉身沦为开采丹砂的工具。他们做好了反抗的准备，打算团结起来，向当时最大的诸侯国之一楚国反抗。

可惜，这场战争最终以仡佬族人的失败告终。这场战争就发生在楚国的雍州之地，与巴清自幼生长的巴国南境相邻。只不过，这场战争爆发时，就连巴清的祖父都还未出生。

战败的仡佬族人，渐渐被楚人同化。可惜，这一场战争却并未成为丹砂之战的终点，只是揭开了一个小小的序幕。

从那时起，为了争夺丹砂，或大或小的战争时有发生。可怜的仡佬族人，不仅失去了他们时代尊崇的“圣物”，更失去了千百年来自由的灵魂。

美丽的大山，再也不属于仡佬族人。他们甚至被迫离开世世代代生活的家园，迁往大山的更深处。在汉人眼中，他们是异族。因为有着不同的民族与信仰，仡佬族人受到汉人的歧视。

仡佬族人不得不重新过回原始的生活，刀耕火种，以采砂为生。光滑的丝绸与华丽的楼阁注定与他们无缘，他们以泥封门，穿着兽皮与葛布，距离人类逐渐累积起来的文明越来越远。

有人说，是丹砂造就了仡佬族。可在巴清看来，丹砂又何尝不是毁了仡佬族？这段从未听说的历史，让巴清感叹仡佬族人的聪明才智，却也感叹丹砂为他们引来的祸端。就连向来以冷血著称的秦始皇，也为仡佬族人当年遭受的杀戮与驱赶而叹息不已。也许，当年仡佬族人凭借丹砂一直发展下去，会成为一个强大的民族，而不是像如今这样，人口稀少，甚至很少有人知道这样一个民族的存在。

其实，有关丹砂的战争，又何尝只是发生在那段荒蛮的历史当中。一千多年以后的明朝永乐年间，一场由丹砂引起的战争，因为规模之大、过程之惨烈，也被载入了史册。

那场战争，被后人称为“砂坑之战”。战争的双方，便是当时的思南宣慰使田宗鼎和思州宣慰使田琛。

明朝时期，铜仁与万山一带蕴含着丰富的朱砂矿藏。田宗鼎与田琛之间为争夺朱砂矿井屡次发生战争，就连朝廷都不得不出面干涉。可惜，丹砂的诱惑力实在太大，朝廷也无法让这两人归于和平。

当田琛得知湖南辰州知府黄禧与田宗鼎结怨多年，立刻联合黄禧兵改思南。田宗鼎闻讯之后，立刻携带家眷逃走。田琛没有抓到田宗鼎，却抓到了田宗鼎的弟弟，并残忍地将其杀死，又丧心病狂地挖了田宗鼎的祖坟，掠夺财物，之后又侮辱了田宗鼎母亲的尸体。

田宗鼎只得求助于朝廷。明成祖朱棣多次下旨，令田琛与黄禧入京，两人都抗旨不前。于是，朱棣便以田琛与黄禧二人屡不接受朝廷禁令为由，采取军事行动来解决这一场争端。

五万官兵很快就赶到了田琛所在之地，以“构煽旁州、屠戮善良、抗拒朝命”的罪名，将田琛与黄禧押赴京城。

被人们坚信能够带来长生的丹砂，成了屠戮生命的罪魁祸首。其实，这一场场本不应该发生的战争，只不过源于人性的贪婪。即便丹砂真的能助人成仙，令人长生，也绝不会庇佑如此贪婪残暴之人。更何况，所谓的长生不死，只是世人的一念奢望而已。

当时，为了营救田琛，田琛的妻子冉氏又与署下合谋，山东台罗诸寨的苗普亮再次作乱。朱棣得知以后勃然大怒，当即将田琛革职、斩首。

不过，田宗鼎也并未落得什么好下场。田宗鼎本就是凶狠之人，更被人揭发他当年杀死了自己的生母。就在田琛被斩首之后不久，田宗鼎也以“灭伦罪”被处死，家产被朝廷没收。

据说在田宗鼎活着的时候，对其属地的居民施行暴政，不许当地居民住瓦屋，不许百姓种稻，当地学子不得参加科举。其下属的官员，更是凭借田宗鼎的喜好肆意生杀予夺，最残忍的一次，他竟在一日之间，在香炉滩杀死数人。

处死田宗鼎与田琛之后，朱棣决定废掉思州宣慰使与思南宣慰使，将思州和思南这两地统统归于贵州布政使总辖，从此便有了贵州省。

夜风微凉，一次闲谈也渐渐收尾。到了秦始皇每日就寝的时间，他与巴清道别，回到了自己的寝宫。送走了秦始皇，巴清久久未能入眠。她从未想过，为她带来数不尽的财富的丹砂，竟然是被鲜血染就的。她不知道，还会有多少无辜的生命，会葬送在与丹砂有关的战争之中。

那一夜，巴清睡得极不安稳。一个又一个支离破碎的梦境片段，割裂了她的睡眠。她梦到了仡佬族人因为丹砂而流下的鲜血，梦到了无辜的死者被残暴的生者掘开坟墓，肆意践踏。

有人说，巴清能够留在秦始皇的身边，受到秦始皇的敬重，是因为她有着巫女的身份，能够帮助秦始皇早日实现长生不死的梦想。如果巴清真的是巫女，那么在她的梦中，就应该知道秦始皇注定不会是华夏大地永远的主人。而他历尽大半生辛苦打下的江山，也将在他死后不久葬送在他的儿子手中。

改朝换代，自然都是由战争揭开序幕。秦皇采取的暴政，加剧了天怒人怨；他对丹砂的依赖以及对长生不死的执迷，也加快了他走向死亡之路的脚步。

秦始皇死后，农民陈胜与吴广成了最初两个起义之人，谣言，便是他们的砝码。

陈胜与吴广知道，当时的人们是迷信的，他们执着地相信，在某个人类看不见的角落，蕴藏着某种神秘的力量。于是，他们便将这种所谓的神秘力量借为己用。他们剖开鱼腹，再将写着“陈胜王”三个字的帛条塞入鱼腹之中，用来写字的东西，便是秦始皇依赖了大半生的朱砂。

当士兵们剖开鱼腹，见到那帛条，不免为之惊奇。于是，这个神秘的寓言，便很快在军营之中流传开来。他们坚信这是上天的预示，更加剧了他们胜利的信心。

不久之后，吴广又趁着夜色潜伏到驻地附近的荒庙之中，点燃一堆篝火，模仿着狐狸的声音叫道：“大楚兴，陈胜王。”士兵们听到之后更感惊奇，对陈胜也越发信赖与拥戴。

然而，无论秦朝最终的结局如何，都再与巴清无关。当时的她，早已作古，而她真实的身份，并非人们传说中的巫女，只不过就是一名丹砂矿的女商人，一个用一生守护爱情，守护丈夫留下的事业的奇女子。

藏在丹炉里的秘密

悠悠长河般的岁月，记下了斑驳沉淀的痕迹。那一圈圈增长的岁月年轮，渐渐遮掩了豆蔻年华的青春，取而代之的，是日渐深沉的暮色。

有时候，秦始皇也会回望自己的过往人生，那是多么绚丽夺目的辉煌历史，当偶尔与巴清提及其中的细节，他的嘴角也会上扬。

与秦始皇相比，巴清的人生虽从未叱咤风云，却也色彩斑斓。爱情早已被她收藏在心间，熨帖着心底的褶皱。忙碌的生意充盈了她的生活，回首望去，也总算不曾虚度。

巴清知道，秦始皇之所以将自己奉为贵宾，接入皇宫生活，除了因为尊敬她一生为丈夫守住贞节之外，更是因为她对丹砂的了解。

秦始皇从未明确向巴清表示过自己对长生不老的渴望，可聪明如巴清，光是看着秦始皇每日都令道士们一刻不停地炼制丹药，便知道，这个看似冷酷的皇帝，是多么希望能够得到上天的垂帘，让自己的生命长久地延续下去。

只有亲身经历过的人，才知道打下江山的艰辛。多少常年跟随在秦始皇身边的人，都战死沙场，他是战争的胜利者，也是幸存者。也许，战争的胜利，已经花完了他此生全部的幸运，想要再多要一些生命来守住他辛苦打下的江山，已经是一种奢望。

不过，相处久了，巴清却并不觉得秦始皇如同外人传说的那般冷血。他的确不算温柔，更谈不上暖心，不过，也许这才是一个君王应有的样子，杀伐决断，不优柔寡断。

巴清也曾想过，如果天下真的长久地由这样的皇帝统治着，说不定也是一件好事。因此，当道士们为秦始皇炼制丹药的时候，巴清也经常会在旁观看，也会偶尔将自己了解的一些与炼制丹药有关的诀窍与道士们沟通。

道士炼制丹药，是需要在安静的环境中进行的。一般人根本不被允许进入道士的炼丹房，唯有巴清，因为受到秦始皇的器重，以及对丹砂的了解，有了进入炼丹房的资格。不过，在那里，她大多只是静静地坐在一旁观看，不敢轻易出声，生怕打乱了道士们炼制丹药的步骤。

在炼丹之前，道士们需要打坐一段时间，这是为了让心绪平静下来，让精神也随之放松。道士们称这一步为“收心求静”，这也是每一个修道之人必须掌握的基本功。学会了静坐，也就懂得了修身养性、打坐参禅。

道士们说过，为了让丹药的药效更强，炼丹之人必须带着一种愉悦的心情来炼制丹药。每次打坐时，道士们必定盘膝而坐。巴清也试图模仿着道士们的样子打坐一番，道士们也向巴清讲过打坐的要领：“打坐之时，除了盘膝而坐，更要脚分阴阳，手掐子午。双目似闭非闭，垂下眼睑，眼观鼻，鼻观心。闭口藏舌，舌顶上颚，呼吸绵绵，微降丹田。”

巴清最初也不理解，打坐为何一定要盘膝而坐，为何寻常坐姿就不能起到打坐的作用。道士说，盘膝也是为了让上身自然端坐，令百会与会因形成一条直线，更令经脉舒畅，气血流通。

虽然是盘膝而坐，双脚的摆放位置也有讲究。右脚属阴，需放在内侧；左脚属阳，需放在外侧，形成“阳抱阴”之姿。

巴清学着道士们的样子盘好双膝，再将左手拇指掐在左手中指的午位，右手拇指掐在左手无名指的根部，两手相抱放在小腹的部位，便形成了“抱阴阳”之姿。

打坐的时候，巴清能够感受到自己的心渐渐沉静下来。她的鼻息渐渐从起伏归于平缓，耳边嘈杂的声响渐渐被屏蔽。原来这就是所谓的放空，如果能一直像这般不顾外界纷扰，让一颗心在放空中平静，似乎不需要丹药，也能令生命延长下去。

道士们往往打坐时间很长，巴清曾经不理解，如此长的时间不喝一口水，难道不会口渴吗？经过道士的点拨，巴清才终于知道，将舌尖顶住上颚，便能令舌根下方的金井和石泉二穴生出津液。如此生出的津液不仅能够解渴，更能进入任脉，化为阴精，也是一种健身之法。

每当打坐完之后，道士们会先将两手搓热，再即刻用双手捂住双眼。当热度渐渐散去，双手再猛然离开双眼，双眼立即用力睁开。如此反复三至五次之后，再将双眼左转九周，右转九周。道士们说，这样可以令双眼灵活，不得眼疾。

这只不过是完成了打坐的第一步，接下来要做的，道士们将其称为“安炉立鼎”。其实，所谓立鼎，并不是真的鼎。道士们口中的“玉鼎”，存在于道士们的大脑之中，也就是人的元神。

道士们说，在大脑的中心，便有这样一个安放元神的地方。这个地方与眼珠相连，直通心脏。

人们所说的丹田，也被道士称为“金炉”，玉鼎、金炉，都是无形之物，道士们也是通过这两种无形的器具来炼制内丹。

炼制内丹，比用丹炉炼制丹药更讲究“火候”。这所谓的火候，便是恰到好处。凡事过犹不及，炼制内丹也是如此。这个道理似乎与开采丹砂的技巧相通，开采的力度与方法要根据实际情况而定，否则便过犹不及。

与道士们相比，巴清是个不折不扣的打坐初学者。往往是盘腿打坐一段时间之后，双腿就会产生麻木之感。她为此专门向道士们请教，怎样才能像他们一样，长久打坐，一动不动，双腿经脉却依然通畅如初。

道士们教给巴清一种调节呼吸之法，令奇经八脉通畅，双腿的麻木之感便立即消失了。所谓奇经八脉，便是前任、后督、中冲、横带、阴维、阳维、阴跷、阳跷。不过，这开通奇经八脉的呼吸之法，并不是立刻就能掌握的。道士们再三叮嘱巴清要将心、神、意合一，每日清晨至少练习两次，长此以往，才能见效。

其实，巴清也并非真的想要研习长生不老之术，她只是想与道士们学习一招半式，让自己的心绪沉静，周身通畅便已足够。

古语说："顺生人，逆生仙。"话语中的含义，是说成仙的方法，大多要颠倒常规。在巴清看来，所谓"逆生仙"，不过是人类想要成仙的欲望，完全是逆天之行而已。

至于道士口中所说的"大小周天"，对于巴清来说已经是太过深奥的东西。她无心去精修，也不愿对其中的细节追根究底。

皇宫中的藏书中，也有《黄帝内经》的部分内容。《黄帝内经》中写道："黄帝曰：余闻上古有真人者，提挈天地，把握阴阳，呼吸精气，独立守神，肌肉若一，故能寿敝天地，无有终时，此其道生。"

据道士们说，如果真的能够炼成此法，内到五脏六腑，外到五官面貌，都会发生巨大的变化。浑浊的双眼会恢复视力，智力与记忆可以恢复到从前，面色更是红润健康，浑身精力充沛，即便不返老还童，至少也可年轻十岁。

身为皇帝，秦始皇自然对此种方法勤加练习，他坚信，通过自身的修炼，加上丹药的辅助，必定可以延年益寿，推迟衰老。

岁月的年轮会在曾经天真的灵魂上打上沉重的烙印，其实，短暂的人生，又何尝不是一种虚妄？在该离开的时候抽身，留下一个坚毅的背影，也许比永久地活在世上，更能令人铭记于心。

神秘的丹砂与水银

命运本就神秘，于是，便有人相信，每个人的生命，都是上天造就的。没有人清楚自己命运的走向，这源于对未知的恐惧，更加让人想要将自己的生命无限延长，有更多的时间能对人生的遗憾与缺失进行修补。

巴清很早就知道，丹砂是一个神奇的东西，用火燃烧，便是水银，积变之后便重新成为丹砂。

水银的用途，十分广泛，否则也不会有那样多的人将丹砂视为珍贵之物。巴清自己也懂得用丹砂炼制水银的方法：将从矿中采来的朱砂置于炉中，下承以水，上面覆盖以盎器，便开始加火煅烧。当有烟从上方蒸腾，水银便也渐渐从下方流了出来。

刚烧出的水银，本是白而浊的液体，如果与铅结合，则会凝固；如果与硫磺结合，则可研磨为散。如果不慎将水银洒于地上，则必须以川椒末或茶末才能收起。

古时的大夫是喜欢以丹砂和水银入药的，如果有人患上疥癣疮，大夫便会将水银、白矾、蛇床子、雄黄、闾茹末等药材研磨成药，敷在患处，很快便能康复。

水银的用法不似丹砂，有时，丹砂会被大夫们加在口服的药方之中，而水银是断断不会入口的。巴清也知道，水银是大毒之物，尤其是有孕之人，更要避开一切与水银有关的物品。即便是外用，亦不可久用。如果水银渗入肌理，也很可能会产生毒效。

古代的许多帝王，虽然也如同巴清一样，知道丹砂炼制出的水银是有毒之物，却从未想过，用丹砂炼制的丹药，也会蕴含这种有毒之物。

在中医看来，丹砂的确具有镇养心神的效用，也唯有丹砂能够用来除心热，通调血脉，泻心经邪热，定癫狂。然而，古时的大多数中医却以为，丹砂不仅无毒，更具有解毒的作用，不仅可以养心气，养心血，养肾脾，还可安胎，以及解毒。

更有人坚信，只要有丹砂一味药，便可治愈百病，其余诸药，均可废弃。

这一理论，如此荒唐。如果有小儿哭闹，或是受到惊吓，医者也喜欢用丹砂来给小儿“镇惊”。

可惜，关于丹砂是否有镇静安神的效用，直到今日也依然没有定论。却有现代医学已经证明，丹砂是有毒性的。长期或是大量服用丹砂，会伤及人的肝肾与神经，如果一次性大量服食，便会出现少尿、尿闭、恶心、呕吐，甚至尿毒症等症状，也就是所谓的急性中毒。如果长久的小剂量服食丹砂，慢慢在人体内累积的丹砂也会造成慢性中毒，损伤人体。

可惜，即便是对丹砂如此了解的巴清，也不了解丹砂的真正毒性。如果她早就知道这些，也许不会放心大胆地让秦始皇每日服食丹药。

巴清真的以为，少量地服食丹砂，是不会产生任何毒性的，却忘记了，丹砂遇到高温，所产生的便是有毒的水银。

在经商时，巴清也见过许多无良商人，用假冒的丹砂来以次充好。如果不是常年与丹砂打交道的人，想必无法轻易分辨的。

虽然从不敢有人用假冒的丹砂来欺骗秦始皇，可他还是向巴清问起过，真假丹砂之间，究竟存在怎样的差异。

听到秦始皇的问话，巴清不禁莞尔一笑。她心知肚明，没有人敢冒着杀头的罪来欺骗皇帝，因此，她这一笑，完全是出于对秦始皇的好奇心的一份欢喜。

巴清并未刻意收起唇角的笑意，如果一定要她像皇宫中的所有人那样对秦始皇毕恭毕敬，巴清宁愿回到自己那并不算繁华，却极度自由的家乡。

她此时的口吻与语气，更像是一位长姐在向自己的幼弟讲解新奇的事物，那娓娓道来之间，甚至隐含着一丝不易察觉的宠溺语气。

巴清告诉秦始皇，如果是真品丹砂，应该是块状或是粒状结合在一起，不是颗粒状。颜色应该为鲜红色或是暗红色，似有一层光泽覆盖。掂在手中，真正的丹砂应是沉甸甸的，却十分脆，轻易便能研碎，将鼻子凑上去，闻不到任何味道。

至于假冒的丹砂，虽也有少数呈颗粒状，却几乎没有块状和片状的形态。大多数的假冒丹砂，都是以粉末状出现，颜色不如真品丹砂鲜红，而是有些呈红褐色。不过，光是这一点，不是常年与丹砂打交道的人，也很难分辨出来。

尤其是假冒丹砂的颗粒也会有若隐若现的光泽感，手感同样沉重，也同样闻不出任何味道。不过，假冒丹砂有时会将红色染在手上，这是真品丹砂不会出现的现象。

如果想要分辨出丹砂的真假，最好的方法便是用火加热。真品丹砂加热之后，出现的自然就是水银；而假冒丹砂加热之后，红色便会渐渐退去，呈现灰色的粉末。

自从进入皇宫居住，巴清除了自己的寝宫之外，去的最多的地方便是炼丹房。她与道士们一起打坐，道士们以此修炼内丹，巴清则以此来修身养性。

至于用丹炉来炼制丹药，则被道家称为“外丹术”。道家虽然一脉相承，可不同的道士，也有不同的炼丹之法。其中的诀窍，道士们自然是不会对巴清讲的。巴清也不会多问，她在炼丹房逗留的目的，除了为自己找一处散心之地，多少还有对秦始皇安全的考虑。

虽然那些道士们在做些什么，巴清并不真的能弄清楚，不过至少他们的一举一动都被她看在眼里，她便觉得，这样炼出来的丹药，应该是安全的。

所谓丹药，便是一种圆圆的药丸。也有人将炼丹术称为“黄白术”，在巴清生活的那个年代，炼丹术刚刚诞生不久，正在日渐流行。

那一味丹砂，便是炼制丹药时必不可少的贵重之物。似乎每一位道士，都有自己炼制仙丹的秘方。他们将不同的草药配置在一起，唯有丹砂，是每一位道士都一定会使用的。

丹砂烧制出的水银，曾让最早发明炼丹术之人啧啧称奇。也许从未有人想过，一抔鲜红的粉末，竟然会凝练成银白色的液体，既易于流转滚动，又十分容易挥发。于是，古人更将丹砂视为通往仙界的圣物。

道士们为秦始皇炼制的长生不死之药，名叫“九还金丹”，其中所采用的药物，大多是五金、三黄、乒石等物。不过，这几种药物，又分为上、中、下三品。给皇帝使用的，自然全部皆为上品。就连《神农本草经》中都曾记载：“上药令人身安、命延、升天、神仙，遨游上下。”

那一味味药石，看得巴清眼花缭乱。她并不是通晓医理的女子，许多药石她见所未见，闻所未闻，更何况，炼制一颗丹药，所用的药石多达几十种，这实在超出了巴清所涉猎的范围。

除了巴清，便再也没有人有资格进入炼丹房了。因为道士们认为，炼丹之处，最好选择在人迹罕至、有神仙来往的名山大川之中。即便是不能在这样的地方炼丹，至少也不能有闲杂人等干扰，否则有邪气进入，丹药便无法炼成。

炼制丹药，并非一朝一夕就能成功的事情。就连开始炼制丹药的日子，都要谨慎挑选。道士们喜欢将这一天定在“开山月”，也就是三月或是九月的良辰吉日。在正式开始炼丹之前，还要筑坛烧符，炼制丹药的炉鼎还要插置宝剑古镜。

光是炼制丹药的器皿，巴清就见到过不止一种。除了丹炉、丹鼎之外，竟然还有水海、石榴罐、甘埚子、抽汞器、华池、研磨器、绢筛、马尾罗等。

在丹炉之内，有一个里面分为三层的悬胎鼎，它悬在炉灶之中，不着地。在丹炉神室的上面，还有一个银制的水海，用来给神室降温。巴清眼见道士们将炼制丹药的所有材料扔进丹炉之中，使其在炉中加热，各种药石渐渐融化、凝聚在一起，形成丹药的形状。

那一颗颗神秘的药丸，以最神圣、虔诚的姿态从丹炉中取出，装进精美的盒子之中，呈送到秦始皇的手中。

可不知为何，服用了这些丹药之后，秦始皇虽偶尔也会感受到周身轻快，可那些已经出现的病痛，却丝毫没有缓解的迹象。

他并不知道，丹砂与水银中的毒，已经渐渐侵蚀了他的四肢百骸，距离死亡仅剩下一步之遥。

生生不息的古老传说

浩空中的点点繁星，模糊了无数个千百年前的身影。他们的容貌已经渐渐淡去，留下的故事，却在后世中传为一段段传奇。许多故事被蒙上了奇幻的色彩，于是，便演变成了一个个古老的传说。

巴清知道许多与丹砂有关的传说。她虽然不知道，在几百年后，有一个名叫武则天的女子，能成为中国唯一的一个女皇帝。更不知道，在武则天成为女皇之后，万山专门向她进献了一块造型奇特，色彩艳丽的朱砂。那块朱砂，获得了武则天极大的喜爱，并赐名“光明砂”。

不过，对于千百年前流传的那些与丹砂有关的传说，巴清大多是知道的。身为皇帝的秦始皇，大半生的精力都用在统一六国上，对于这些民间流传的故事，自然是不太了解的。当尘埃落定之后，偶尔从巴清口中听到这些传说，秦始皇竟然也听得津津有味。

似乎与丹砂有关的传说，大多发生在万山这个地方。

当时，一名梵姓女子，从西北方来到万山。她带来了一种全新的开采丹砂的方法，也就是在大崖石壁上攻采丹砂。她将这种方法教给了当地的百姓，大崖石壁经过当地人天长日久的敲凿之后，形成了一个个丹砂洞穴。

梵氏又将开采出来的丹砂献给武王，武王服下之后，顿时感觉神清气爽，面色红润，身体也似乎比从前强健了许多。军师姜子牙得知之后，将丹砂称为万岁不老仙丹。就这样，丹砂的神奇功效瞬间便在朝野之间流传开来，引起了不小的轰动。

因为武王信奉丹砂，民间自然也将丹砂视为珍宝、神药。出产丹砂的万山，也渐渐被人们改称为“大万寿山”。

在此之前，万山本是一个鲜少有人知道的地方，如今，因为出产丹砂，万山名声大噪，当地百姓也因为开采丹砂，生活得到了改善。

梵氏女子不仅将丹砂献给武王，还用丹砂去巴地换取盐巴，改善万山百姓的生活。于是，在当地百姓中间，梵氏女子有了极高的威望。

可是有一次，梵氏女子带着一些百姓外出换盐，从此再也没有回来。百姓们四处寻不到梵氏女子，忽然发现在丹砂洞穴的洞口处，出现了一根石柱。那石柱的形态，看上去与梵氏女子的身形极为相似，于是，百姓们便认为，梵氏女子一定是得道成仙了。她的魂魄飞上天庭，成为神仙，身躯便留在了洞口，化作巨石。

从此以后，当地百姓便将这块巨石称为仙女石，也将这处山洞称为仙人洞。

巴清虽没有机会亲自前往那座仙人洞去看上一看，不过，她听说，那座仙人洞坐落在悬崖峭壁之上，气势十分恢宏，不是身强体壮之人，很难走到洞口。

有人曾经亲赴仙人洞，回来以后将仙人洞中的奇观讲述给他人听。巴清这才知道，原来那座仙人洞的厅堂，可容纳千人，并且，还分为上中下三层。仙人洞的厅堂内壁上，坑道纵横，里面遍生藤蔓。内壁上还有古人在开采丹砂时标注的记号，用来标明方向，使人们不至于在如此漆黑幽暗的洞中迷路。

自从梵女消失，仙人洞与仙女石就成为百姓心目中的神圣之地。许多人千里迢迢专程赶去那里膜拜，在洞口焚香、烧纸，祈求神女保佑。

秦始皇听到这里十分好奇，他问巴清，梵氏女成仙，本就是一个传说，难不成善男信女的祈求还真的能够如愿不成？

巴清自己并未去过，不过，她倒是听去过那里的人说，仙女石十分灵验，只要有人前去膜拜，是有求必应。因此，才有越来越多的人赶到那里许愿，从求事、寻人，再到求子、祈福，往来之人络绎不绝。

也许，正是巴清讲述的这些传说，令秦始皇更加坚定了去四方巡游的打算。

秦始皇离世之后，统治华夏大地的一代又一代皇帝，大多都没有放弃通过服食丹药以达到长生不老。

民间的百姓无法像皇帝那样轻易就得到大量的丹砂，因此，很少有人敢奢望成仙，因为丹砂实在难得，好不容易得到一些，也只不过是用作辟邪之物而已。

相传在清朝年间，一名读书人从家乡前往京城赶考。他沿途经过一个小镇，天色渐晚，便决定在小镇中找一家客栈投宿。

掌柜看读书人风尘仆仆的样子，一看就是准备进京赶考的学子，便热情地为读书人准备住宿的房间。当一切准备停当之后，掌柜又神秘兮兮地交给读书人一个小盒子，并再三叮嘱，这个是专门为读书人准备的。

读书人打开小盒子一看，里面是一盒朱砂。还没等他询问，掌柜就开口说道："途经此处进京赶考的学子，必定会经过前方那座大山。山路难行，没有人能在一天之内走出那座大山，因此，每个人都必须要在山中留宿一夜，第二天才能继续赶路。不过，那山中却有不干净的东西出没。”

听到这里，读书人不禁有几分恐惧。看出读书人心中的害怕，掌柜赶忙告诉他：“不用担心，那个东西并不伤人。只要将朱砂点上去，它便不敢靠近你了。”

第二天，读书人离开客栈，继续赶路。果然，他很快就来到了山脚下，直到天黑，也没有翻过这座大山。于是，读书人只好在山中过夜。幸运的是，他在山中发现了一间茅草屋。不知道是谁的屋子，里面有一些简单的家具，甚至还有一盏油灯，可以让读书人在此熬过一个晚上。

夜色刚刚降临，读书人还没有困意，便点起油灯，在窗边读书。忽然间，一阵奇怪的响声打破了山中的宁静。读书人四处张望，也没有找到声音的源头。过了一会儿，一个黑乎乎的东西从窗外爬了进来，读书人吓得连逃跑的力气都没有，只能眼睁睁地看着那个东西离自己越来越近。

就在此时，他想起了店家送给自己的朱砂。那小盒子就在他手边，他赶忙打开盒子，顺手拿起毛笔在朱砂上蘸了一下。就在那个东西马上就要靠近他的时候，读书人拿起毛笔在它的身上点了一下。

读书人没有想到，朱砂果然灵验。那个东西被点了朱砂，立刻就定在了原地，一动不动。直到这一刻，读书人才终于从惊吓中缓过神来。他提起桌上的油灯，朝那个黑乎乎的东西上面照了一照。这一看，又让读书人浑身的汗毛都竖了起来，原来，那个东西并不是什么怪物，而是一只长着利爪的黑乎乎的手。

看那只手恐怖的样子，根本不可能是一只人手。虽然它被朱砂定在了原地，可读书人一想到自己今天晚上都要和这只吓人的手待在一个屋子里过夜，便立刻睡意全无。

更可怕的是，只要轻轻将那只手上的朱砂擦掉，那手就会继续向前爬。如果再点上朱砂，它就再次定在原地。

虽说掌柜此前告诉过它，这个东西虽然样子可怕，却没有害人的意思。可读书人并不知道，这漫漫长夜，它会不会伤害自己。

时间已近深夜，一阵困倦袭来。读书人强睁着睡眼，却最终抵不过一天奔波的疲劳。他终于沉沉地进入了梦乡，当再次睁开双眼，已经是第二天清晨。

此时天已大亮，读书人一个激灵从噩梦中醒来。他睁开眼睛的第一件事，便是朝那只手所在的地方看去。可是，那只手竟然奇迹般地消失了。

读书人越想越怕，赶忙收拾行李，离开这座大山，继续奔赴京城的方向。

除此之外，丹砂还衍生出了数不清的上古神话。传说中，伏羲老祖发明了炼丹技术，服用了仙丹之后飞身成仙，变成了“东方天帝”。月宫中孤单而又美丽的嫦娥，也是因为偷偷服食了仙丹，独自飞向月亮，只能与玉兔相伴度口。

从伏羲创始，一直到秦始皇统一中国，甚至到满清王朝建立，炼制仙丹，追求长生不老，都是历代帝王的最大心愿。

在记录上古神话的先秦古籍《山海经·海内西经》当中，提到过一个名叫赤虎的巴人。他懂得炼制丹砂，将丹砂与硝石一同服用，全身的毛发全部变成了红色。巴人对红色有一种近乎偏执的热爱，因此，几乎大部分巴人都懂得炼制丹砂的方法。到了战国时期，巴国的冶炼丹砂技术已经十分成熟。

在《山海经·海内西经》中，还提到过巴地的诸位巫师们医治窫窳的故事。窫窳是烛龙的儿子，长着人面蛇身，与狸一般大小，本是一名老实善良的天神，却被二十八宿之一的危神派手下二负杀死。烛龙为此伤心不已，便让几名巫师想办法令窫窳复活。

然而，复活后的窫窳，却乱了神智，掉进了昆仑山下的弱水当中，身形也变得与牛极为相似。整个身体发红，依然有着人脸，却长着马足，叫声如同婴儿啼哭一般。最糟糕的是，窫窳变得性格凶残，喜欢吃人，在十日并出时会跳上岸，危害百姓，简直就成了一个怪物。因为窫窳残害人类，天帝无奈，只得令后羿将其射死。

当初，令窫窳复活的几位巫师，他们就是用不与草木同腐的丹砂炼制成不死之药，将窫窳救活。

在上古神话当中，丹砂与水银承载着神秘而又神圣的使命。“长生不老”与“永世传承”这两个词语，与丹砂更是有着脱不开的联系。

长生不老丹，是上古神话当中由人变神的最重要之物，并且，还可以让已死之人的身体不腐烂变形。因此，富贵之人即便是在生前无法成仙，也希望借助丹砂在自己死后保护尸体不腐，获得通往仙界的机会。

为了实践这些上古神话，许多饱学之士也曾经思索多年，并试图探索丹砂背后的真相。可惜，上古神话中所描述的那些地点，实在是太过遥远，或者根本就不存在于这个世界上。一个个想要探究真相的古人，也只得在艰难的现实面前作罢。

其实，巴清生活的地方，就是上古神话当中所提到的“盘古桃源”一带。那里不仅盛产丹砂和水银，更是上古“华胥国”神话故事中“走路也难以达到，坐船也难以达到”的“神仙国家”。

生活在这里的，都是上古神话中的上古祖先们，例如盘古氏、华胥氏、太皞伏羲氏、女娲氏等等。也许，正是这些上古先人，让巴地有了“天府之国”的美誉。不过，也有人将这里称为“鬼方巫地”。但是在历代皇帝的眼中，这里却是“长生不老”的圣地。

有关丹砂的传说，世世代代层出不穷。就连巴清的一生，又何尝不是与丹砂有关的传说？巴清的人生，干净而来，洁白而往，在丹砂构建而成的城堡当中，越发显得神圣而纯洁。

第五章 运筹

丹砂女王的商业帝国

弱女子的华丽转身

那一日，秦始皇在宫中大摆宴席。巴清自然也在宾客之列，不知为何，秦始皇格外高兴，频频举杯，在座的宾客也随着他一杯杯饮下玉液琼浆。

巴清是可以喝一些酒的，只是毕竟不再年轻，举杯的次数又如此频繁，她有些不胜酒力。她得到了秦始皇的准许，提前离开了宴席，由侍女搀扶着，朝自己居住的寝殿走去。

也许是酒精的作用，这一晚的夜色显得那样美。香醇的美酒本已令巴清迷醉，迷人的夜色更让她如醉如痴。

她的双眼微微有些朦胧，脚步也略略有些踉跄。可这种感觉却是那样美妙，仿佛自己的整个身体都轻飘飘的，一阵风吹来，说不定就能乘风腾空。

如此美好的夜色，让巴清联想起自己年轻的时候。那时她的丈夫还活着，也是在这样一个美好的夜晚，两人携手步出家门，走到不远处的小山坡上，欣赏刚刚盛开的野花在夜色中的娇羞之态。那天晚上，天上有一轮又大又圆的月亮，仿佛将整个世界都照亮。

巴清已经记不清在那个夜晚，自己与丈夫都说了什么，那实在是太久远的事情了。她只记得那美好的片段，因为那些画面，已经在她的脑海中定格。

丈夫在世时，巴清从不过问生意上的事情。只不过，对于丹砂，年轻的她十分好奇。于是，只要丈夫有空，巴清便会在他身边，让他讲丹砂的事情给自己听。

当时的巴清，脑海中还充满了浪漫的幻想。甜蜜的爱情，让世间万物在她眼中看来都是甜美的。尤其是红色的丹砂，更是被她当作上天赐予人类的红宝石。

她讲给秦始皇听的那些有关丹砂的传说，大多是她从丈夫那里听来的。当时，她如同孩童一般，沉浸在那些奇幻的故事中，感受着故事主人公的喜怒哀乐。

讲尽兴时，丈夫会在书案上铺开丝帛，提起毛笔，蘸饱了研磨好的丹砂，将笔交到巴清手中。

巴清不知道丈夫的用意，只是顺从地接过毛笔。丈夫走到巴清身后，用自己宽厚的手掌包裹着巴清的纤纤葇荑，轻轻发力，带动着毛笔在丝帛上写下了一个“丹”字。

巴清是识字的，自然也认得这个“丹”字。她睁着懵懂的双眼，盯着丈夫的脸，仿佛是想要从他的脸上找到一个答案。

她的神情逗笑了丈夫，丈夫告诉她，这个“丹”字，就代表了丹砂的出处。他柔声地讲解着，“丹”字仿佛一口深井，中间的一点就代表着井中的矿藏，也就是丹砂。

说到此处，巴清才恍然大悟。她从未想过，小小的丹砂，竟然还有如此多的渊源。

一切的美好似乎都定格在那个短暂的时刻。还没有从甜蜜中清醒，巴清就被丈夫的死无情地拉回到现实。

她第一次觉得，现实竟是如此残酷。她不愿意相信现在的自己是清醒的，多希望这一切只是一场噩梦。当睁开双眼，又是一个风和日丽的早晨，丈夫依然在旁边平静地睡着，或是早已醒来，等不及想要给自己一个宠溺的笑容。

可惜，这就是上天为巴清准备好的宿命。她本是一个弱女子，却要用柔弱的双肩挑起连健硕的男子都很难挑起的重担。

也是从那一刻起，巴清开始了人生中的华丽蜕变。泪水依然模糊着她的双眼，可她的身后已经无路可退。离别的滋味，是那样的撕心裂肺，她只恨上天残忍无情，生生地将一对相爱的人儿阻隔在阴阳两界。

现实容不得巴清像从前那样柔弱下去。从前的她，事事都由丈夫做主，外面的风雨再大，丈夫都会在她的身边撑起一把坚固的伞。她就像一个不谙世事的孩童，心安理得地在丈夫撑起的保护伞下怡然自得地生活。在她看来，这个世界似乎处处美好，没有任何人心存恶意，没有任何事令她感到揪心。

直到丈夫死后，巴清才知道，这个世界远没有她想象的那般善良。只因从前丈夫将自己保护得太好，她不知该为此庆幸，还是该为此难过。当失去身边的这把保护伞，她几乎无法去面对这个残酷的世界。

可是，生活还要继续，家中的生意还要继续打理。巴清强迫自己更加深入地了解丹砂，硬是让自己从一名丹砂的门外汉，变成了一名丹砂的行家。

在当时，因为丹砂可贵，市面上的丹砂也良莠不齐。太多丹砂商人以次充好，也有太多的人因为不懂行，上当受骗。

巴清绝不会允许以次充好这样的事情发生在自己家里。丈夫活着的时候，最看重的便是商人的诚信。丈夫一生都是诚信之人，巴清也不能让家族的生意毁在自己手里。

因此，她对手下人的要求便十分严格。她要求他们，必须严格区分丹砂的品质，对不同品质的丹砂制定不同的价格，绝不能鱼目混珠，以次充好。

不同品质的丹砂开采出来之后，还要经过不同的处理。刚刚开采出来的丹砂，大多混杂着石质，因此，最基本的一道工序，便是要将石质除去。

除去石质的丹砂，会被劈成一片一片的薄片，表面十分光滑，如同铜镜一般。丈夫曾经说过，这样的丹砂，又叫劈砂或是片砂。巴清觉得这样的丹砂形似铜镜，便更喜欢称其为镜面砂。

不过，也有的丹砂在除去石质之后，不会被劈成片状，而是被劈成碎小的片状或是颗粒。其实，巴清在年轻时最喜欢颗粒状的丹砂，因为看上去像一颗颗散发着光泽的红宝石。

接管生意以后，巴清依然喜欢颗粒状的丹砂，也许是因为她不愿意放弃心中仅存的那一抹天真，固执地想要将一份美好的念想留在脑海中。

那些颗粒如同赤豆大小的丹砂，被人们称为“豆瓣砂”，这样的丹砂并不如碎小的丹砂那般有光泽，色泽有些暗淡，红色中还透着一些灰褐色的痕迹。

从矿中开采出来的丹砂，都会按照巴清的要求被划分成不同的品类。其中品质最优的一种，自然是贡朱砂，也就是给皇帝的贡品。

比贡朱砂成色稍差一些的，是白岩砂，是从白色的岩石中劈出来的红色丹砂，也算珍贵难得。再次一些的，便是红镜朱砂，也就是巴清口中的镜面砂。那砂色泽鲜红，无论是看上去，还是摸上去，都能感受到这也是丹砂中的佳品。

略逊色于红镜朱砂的，便是青镜朱砂。其实，这也是镜面砂的一种，只不过颜色不够鲜红，透着一些紫青色，因此成色上便稍差一些。

好的丹砂，研磨成粉末之后，其中应该没有一丝杂色，更不能有白点，用手指轻轻搓捻，手指不会被染上一丝红色。

随着对丹砂的越发了解，巴清也渐渐完成了华丽的转身。她不再是当年那个懵懂、羞怯、柔弱的女子，而是披上了一袭女强人的外衣。她在以男人为主导的商人群体中，依然毫不逊色，甚至光芒四射。

巴清喜欢自己从事的这个行业，因为丹砂的历史与底蕴是那样深厚。有时，她会盯着丹砂出神，那迷人的色泽，令她沉醉其中。伴着这样的颜色，她的思绪会不知不觉地飘回从前。她与丈夫一同经历的每一个瞬间，都幻化成一幅生动的画卷，历历在目。

丹砂是没有任何气味的，巴清却觉得自己能够闻到一阵醇香。也许，那是美好的往事发酵而成的香气，就如同陈年的美酒，醉了人的心境。

有序运转的古老企业

自从接管家族的丹砂生意，巴清就再难拥有属于自己的清静时光。每一天，她的生活都被生意中繁杂的事务充斥着。偶尔得到片刻清闲，思绪又忍不住朝着悲伤的方向飘散，轻轻眨一眨眼，便落下两行清泪。

好在，留给巴清胡思乱想的时间并不多，她不得不将大部分心思放在生意上。巴清自己也不知道，家族中的丹砂生意传到自己这里已经是第几代了。她只知道，每一代先人，都将丹砂生意变得比从前更加兴盛，因此，她也打定主意，绝不能让丹砂生意在自己这一代走下坡路。

当时的人想要出人头地，光耀门楣，除了凭借智力与学识步入仕途，便是辛苦经商，让家人过上好日子。

巴清是一介女子，自然是不能成为国家栋梁的。好在，在丈夫多年的耳濡目染之下，她对经商还不算陌生。

只不过，丹砂生意实在太过庞大，在刚刚接手的时候，巴清就陷入了迷茫。她不知道该从何做起，才能让这个如同帝国般庞大的生意有效地运转起来。

婚后多年，巴清的大部分时间都在深闺中度过。当第一次与购买丹砂的商人见面时，巴清甚至不知道自己该和对方说些什么。几乎没说上几句话，巴清就一阵脸红。当商人和巴清讨价还价的时候，巴清更是窘迫得恨不得转身逃离。

为了尽快结束这番谈话，尽快将生意敲定，巴清几乎没有和对方还价，就同意了对方给出的价码。

这是巴清谈成的第一单生意，按照那个收购丹砂的商人给出的价钱，巴清几乎没有赚钱。

可正是这一单生意，让巴清下定了决心。她要好好学习经商之道，做到像丈夫那样，在谈笑间就能谈成生意，赚取利润。

于是，只要是与生意沾边的事情，巴清便格外留意。

一次，巴清无意中听说，在战争还没有结束的时候，人们都忙着四处抢夺金银与珠宝，唯有一个人，在家中挖了很多地窖，将自己能搜罗来的粮食全部藏在了地窖里。当战争渐渐平息，许多土地已经荒废。一时间，粮食成为稀缺商品。

无论何时何地，人总是要吃饭的。因为粮食少，价格便一涨再涨。到后来，一两黄金也只能换很少的米。就在此时，那人将自己所藏的粮食挖了出来，用这些粮食换来了数不尽的珠宝。粮食销售一空，这个人也成了当地的首富。

不过，那个人并没有守着这些钱财坐吃山空。他用卖粮食所得的钱，购买了许多田地和牲畜，既当财主，又当地主。就这样，凭借着这些田地，他的后代一直过着吃喝不愁的日子。

巴清忽然意识到，这就是一种生意经。越是稀缺的东西，价格就越高，就像她所经营的丹砂生意。世人皆知丹砂难得，因此才珍贵。如果再有人与她讨价还价，她索性就让对方去别处看看。这样一来，买主并没有因为丹砂价高而放弃，反而更加认定，巴清家出售的丹砂，品质一流。

战争，是大多数人的灾难，却也是少数人发家的机遇。巴清并不渴望战争，更不想发战争财。不过，她也渐渐懂得，世间万物不会永恒不变，就连和平与战争也不是永恒的。想要及时抓住商机，就要学会提前预测事态的变化，做好准备，静静地等待商机的出现。

当时，市面上高品质的丹砂十分难得，尤其是贡砂，许多有钱人都以能买到贡砂为荣，无论是用其来制作颜料，还是炼制丹药，效果都是上佳。

不过，能够生产出贡砂的，只有巴清一家，由于每次出售的“贡砂”十分有限，价格也就比普通的丹砂高许多。

这一次贡砂生产出来之后，巴清却并不急着出售。她令手下的人先将这些“贡砂”好好地保存，对外就说，今年开采的丹砂数量不多，没有生产出贡砂。

一连三年，巴清都这样做，市面上为数不多的贡砂已经消耗殆尽，甚至“一砂难求”，许多有钱人愿意花比平时多出几倍的价钱来购买丹砂。

手下的人都劝巴清趁机将手中的贡砂出售，大赚一笔。巴清却并不着急，她依然静静地等待。直到市面上的贡砂价格涨到了原来的十倍，她才让手下人拿出少量的贡砂出售。

她并没有一下子将全部的存货都拿出去，因为她知道，如果市面上的贡砂数量一下子多了起来，价格就会立刻下跌，并且，也会有人怀疑，是她在囤积居奇。

巴清是个耐得住性子的人，又十分聪明。她就这样让手下人一点一点地将所存的贡砂全部卖出去，最终得到了比从前高出十倍的利润。

就在别家的女子还在深闺绣花的时候，巴清已经走到了外面，与形形色色的商人打着交道。

在经商之前，巴清就十分佩服春秋时期的大商人范蠡。不过，在当时，依然心存浪漫的她，自然更向往的是范蠡与西施之间那段动人而又唯美的爱情。

当年，越国在攻打吴国的过程中战败，被迫向吴国求和请降。为了表示出臣服之心，越王勾践前往吴国为奴，当时陪伴在他身边的，便是范蠡。

在吴国，勾践仿佛真的忘记了自己曾经是一国之主。他将自己当作一名奴仆，安分守己地干活，任何苦活累活都不在乎。渐渐地，吴王夫差相信勾践的确有臣服之心。三年之后，便将勾践和范蠡赦免回越国。

其实这三年来，勾践一刻都没有忘记与吴国之间的仇恨。吴国加在他身上的耻辱，他要全部都报复回去。于是，为了打败吴国，范蠡想出了一个计策，那就是美人计。

范蠡到民间四处寻找绝色美女，打算将美女送给吴王夫差，消磨他的意志。美貌无比的西施便进入了范蠡的视线，当夫差见到西施，简直喜不自胜，更加相信越国对自己的臣服之心。

其实，将西施献给夫差，范蠡是万般不舍的。因为他早已经与西施两情相悦，可为了国家大计，只得忍痛割爱。

不久之后，越国终于打败了吴国。范蠡因为立有大功，被封为上将军。可范蠡却舍弃了一切荣华富贵，带着西施归隐田园，泛舟西湖。

当初，巴清也为这段曲折的爱情故事所倾倒。可如今回过头来再看，她发现，自己早已将目光放在了范蠡的经商之道上面。原来，不同的机遇的确会改变人的心境。在此时的巴清看来，将丹砂生意发扬壮大，远比爱情更加重要。

老子曾说："治大国若烹小鲜。"这似乎也阐释了范蠡的经商与从政之道。

巴清发现，范蠡就是一个能准确把握商机的商人，他能够提前预测未来的时局，也就等于将一国的经济走向牢牢地掌握在了心中。

范蠡曾经认为，市面上的粮食如果价格太低，农民便失去了种植粮食的积极性。如果农民都不再种地，土地就会荒废，而国家就会出现饥荒。

但是，粮食的价格又不能过高。如果太高，买的人就会少，人人都选择去种地，贩卖粮食的商人就失去了积极性。商人少了，国家的税收便会减少。因此，粮食的价格必须要维持在一个稳定的范围内。

除此之外，范蠡还喜欢在经商的过程中反其道而行之。“旱则资舟，水则资车”就是他的信条。因为大旱之后，便可能发生水灾，因此要提前将船造好，以备不时之需；而水灾之后，很可能就会发生旱灾，必须将车辆提前造好，才能及时应对。

因此，有人根据范蠡的经验，在夏季购入皮货，在冬季购入丝绸，的确赚了不少的钱。

巴清从书中得知，范蠡的一生，三次赚到了很多钱，却又三次仗义疏财，将金钱散给乡邻。她这才知道，原来一个成功的商人，人生最大的目的也并不仅仅是赚钱。

于是，巴清渐渐开始用自己赚到的钱财去帮扶乡邻。人人都说，巴清是个“为富能仁”的大商人。她将古老的家族企业有条不紊地运转起来，也帮助身边的乡邻改善了生活。至此，巴清终于找到了自己经商的意义。

垄断丹砂产业

将日子过成诗，一直是巴清少女时代的梦想。她人生的前半段，的确是诗意的。只是美好终归短暂，再多的浓情蜜意，也只能归于忙碌的现实。

在巴清的运营之下，家族的丹砂生意越来越好。虽然偶尔也会出现一些竞争者，却纷纷败下阵来。

即便是这些竞争者无法撼动巴清家族生意的根基，也时常有人以低价或是低质的丹砂来搅乱市场，巴清不得不经常出面采取干预措施。她不愿意在这些事情上耗费精力，却又不胜其扰。

就在此时，巴清听说了一件事，立刻让她想到了应对办法。巴清听说的这件事，就发生巴地。这件事情的主人公也是一名商人，与巴清不同的是，他经营的生意项目很杂，没有专项经营，也可以说，他是一名从事贸易生意的商人。

起初，这名商人只在巴地一带从事贸易生意，手头也有了一些小钱。之后，他不再满足于将自己局限在巴地这一小小的范围之内，于是便去往京城，贸易生意也经营得更加红火。

在京城，这名商人也算是小有名气。虽然他的财富与日俱增，可他依然觉得，这样靠贸易生意一点一点赚钱实在是太慢了。

都说成大事者不拘小节，成功的商人更要敢于下血本投资。这名商人将自己家产的一半拿了出来，打通了各个关节，最终得到了井盐生意的垄断经营权。也就是说，除了他以外，别人都不再拥有从事井盐贩卖的权利。

从此，这名商人富甲一方，因为垄断，赚钱的速度比从前更是翻了几倍。

这也让巴清萌生了一个念头，如果拿出一大笔钱，将附近一些小型的丹砂矿都买下来，再加上自己家族在万山等地拥有的大型丹砂矿，那么全国的丹砂生意，几乎就全部归自家所有了。

不过，丹砂毕竟不像盐巴，是人人必需的商品。在当时，能够买得起丹砂的大多是有钱人，因此，无论价格稍贵一些还是便宜一些，购买丹砂的依然还是这些老主顾。

虽然有了这样一个念头，巴清却并没有马上开始行动。她虽然行事果断，却并不冲动。

巴清并没有将全部的心思都放在思考这件事上面。毕竟垄断丹砂行业，不是一件小事。她必须将其中的每一个细节都考虑清楚，并且对以后有可能出现的状况进行预判。

就这样，时间又过去了许久。一日，巴清刚好有了空闲，想到许久没有清静地读一会儿书了，便随手从书架上抽出竹简，在桌案上摊开，借着窗边的光线，细细阅读起来。

这书是下人在不久前替巴清买来的，用来捆扎竹简的皮绳也是全新的。不仅如此，书中所写的事情，也大多是发生在不久之前。

书中所写的一件事，就发生在秦国吞并六国的时候，也就是不久之前。当时，秦始皇率兵攻破了赵国，许多赵国人成为犯人，被流放他乡。

每一个即将被流放之人，都会将自己的积蓄用来打点关系，希望自己能够被流放到条件稍微好一些的地方。在这些流放之人中，有一对夫妻，却主动请求将自己发配到一个偏僻的县城去。

大多数人都知道，那个地方是个弹丸之地，不仅地方小，土地也十分贫瘠。他们以为这对夫妻一定是疯了，在那里生活，一定会吃不少的苦头。可既然他们主动请求，也没有不满足的道理。于是，这对夫妻如愿以偿地到了那座贫穷的县城。

别人并不知道，这对夫妻之所以这样做，是因为他们知道那座县城里有十分丰富的铁矿。去到那里之后，他们便上山开矿炼铁，铸造铁器，还将铁器与附近的滇人与蜀人互市交易。不久之后，这对夫妻就成了当地首屈一指的富商，据说，他们家里的财富，能够请得起几百个仆人。

除了这对夫妻，还有曾经的士大夫程郑，也因为炼铁发了财。程郑的祖籍在关东，从他祖父一辈开始，便开始从事冶铁生意。当秦始皇统一六国，程郑一家都被迫迁徙到蜀郡临邛。临邛当地盛产铁矿，许多当地人都通过冶铁致富。

对于冶铁，程郑并不陌生。于是，他便按照祖父传下来的方法，开始从事冶铁生意。程郑请来数百名匠人，正式开炉冶铁。他将铸成的铁器卖给附近的少数民族，天长日久，程郑的冶铁生意越做越大，最终成为蜀地首屈一指的冶铁工商大家。

这两件事，让巴清茅塞顿开。的确，大多数人经商，是从小本生意开始，卖的东西大多是生活所需。利润虽然不高，需要的人却多。只要懂得一些经商之道，便可以以量多取胜。还有一些商人，卖的商品都是珍宝、首饰、古玩、玉器一类的昂贵商品，哪怕一年只卖出去一件，所得的利润也足够供他一年的生活开销。

商人出售的商品五花八门，却大多都不算难得之物。唯有矿藏，不是遍地都有的，不是人人都能开采的。因此，矿藏才是最稀缺的商品。而恰好，丹砂就是矿藏，巴清从事的，就是矿藏开采。如果能将丹砂矿垄断下来，那将拥有一个多么大的市场？

为了建立自己的丹砂帝国，巴清立刻下定了决心。她将手头的大部分钱都拿了出来，将附近的一些小型丹砂矿统统收购。

从此，巴清几乎垄断了全国的丹砂开采生意，也正式建立了一个前所未有的丹砂帝国。

其实，巴清并不是打算通过这样的举动为自己牟取暴利，而是不希望那些小型的丹砂矿主利用一些令人不齿的手段去扰乱丹砂市场。她希望通过自己的一番整顿，让这个市场变得干净起来，不再有以次充好的现象，也不再有鱼龙混杂的商品。

巴清的这一想法，与战国时期的大商人白圭不谋而合。只不过，白圭的经商方式，比巴清还多了许多传奇色彩。确切地说，是多了许多玄幻色彩。

白圭通晓天文，便利用天文的知识来预测农业的收成，因此取得了丰厚的收获。白圭和范蠡一样，都曾经做过官。只不过与范蠡相比，白圭对经商更感兴趣，甚至可以说，他对赚钱的过程十分感兴趣。

天文与五行相克之术，是白圭赚钱的法宝。在商鞅变法时期，白圭还是一名十四岁的少年。那时，商鞅变法最重要的一个组成部分，便是严禁粮食买卖，而这又恰好成为白圭日后主要经营的业务。

白圭先是在魏国做了一段时间的官。之后，他辞掉官职，开始周游列国，并最终又回到了自己的家乡河南。

回到家乡之后，白圭开始正式开始经营粮食、蚕丝等买卖。这些是门槛十分低的行业，不需要大量的金钱，也不需要大量的人手。因为门槛低，所以从事这些经营的商人数量很多，竞争也十分激烈。

并不是每个商人都愿意与人公平竞争。在与白圭打交道的商人中，有人囤货居奇，有人放高利贷，也有人垄断市场，牟取暴利。

这些人最令白圭不齿。他想要见到的，是一个公平竞争的市场，一个商家不欺骗百姓的市场。因此，白圭从不提高自己的商品价格，宁可用减少利润的方法，来带动销售。

如此一来，白圭的经商所得不降反升。并且，他也开始反对商鞅对商人的歧视。

白圭认为，经商与治国一样高尚。这个天不怕地不怕的人，甚至开始公开和商鞅对着干，公开教人如何经商。

其实，白圭的经商理念与范蠡有些相似，那便是“人弃我取，人取我与”。只不过，白圭更擅长的，是根据古代的岁星纪年法和五行、天文、气象来预测农业的规律，推断明年的年景收成。

因为懂得这样的规律，白圭便能在丰年低价收购粮食，到了歉收的年份再出售。白圭这样做，不仅保证了自己在丰年与灾年都有收入，更能保证百姓在任何时候都有粮食吃，保护了所有人的利益。

据说，白圭拥有的财富数不胜数，可是在生活中，白圭却并不奢华。他不仅饮食清淡，衣着也十分简朴，甚至能与自己的仆人们玩在一起。

巴清在书中读到，人们将白圭的经商之术称为“仁术”，其实，这便是经商的意义。身为女子，巴清不希望自己落于任何一个商人之后，更希望自己能像白圭一样，成为一代仁商。

秦国最大的丹砂买主

一袭素色衣衫，是巴清最寻常的装扮。衣衫的样式虽简约，可光是从料子的舒适度、花纹的精致、针脚的细密，就能看出衣衫的主人是一位家境优渥，品位不俗之人。

巴清不喜欢绚丽的颜色，这源于她内心的一抹素净。腹有诗书气自华，这似乎是一个真理。巴清的容貌本就清秀，再加上书香的渲染，以及多年在生意场上打拼而沉淀下的一抹干练，让那些过于华丽的颜色在她的身上显得有些多余。

巴地的一方山水，巴清已经再熟悉不过。春日已经迎来尾声，初夏已经按捺不住地吐露出醉人的芬芳。

侍女在一旁用小炉子煮着水，一捧清香的茶叶就放在炉子旁边的小桌子上。因为巴清吩咐过，自己想在好的阳光下品一杯香茗，她已经记不清自己有多久没像现在这般有兴致了。

盛开的野花星星点点，绚烂了整个初夏。微风拂过，便是一阵扑面而来的芬芳。巴清看着茶叶在杯中浮浮沉沉，叶片渐渐在热水的浸泡下舒展开来，仿佛她全身的筋骨也随着茶叶的舒展而松弛了下来。

花香伴着茶香，让巴清的心绪忍不住一阵迷醉。她端起茶杯，轻轻啜上一口，一阵清冽甘甜的滋味，从她的舌尖蔓延开来，一直甜到心脾。

此刻，巴清忽然觉得，如此的平淡时光，实在是难得的享受。那些令人眷恋与流连的东西，总是在不知不觉中走远，徒留黯然与神伤。

人生仿佛喝茶一般，如果忙碌与闲暇得恰到好处，就像一杯温度与时间都掌握得刚刚好的清茶，甘甜解渴，醒神醉心。否则就难以品尝出人生的滋味，就像泡久了的茶水，只剩苦涩，到最后，变成无味。

曾经的巴清，似乎并不像一杯茶水，反而像一盏清水，清澈透明。那时的她，纯洁得没有一丝杂色，更无一丝杂味。与她相处，就如同饮下一杯纯净的泉水，虽没有清茶的幽香，甘甜的滋味却缱绻了舌尖。

不知何时，人生的墨色也将她这杯清水变得不再透明。为了家族的生意，她必须变得精于算计，变得老练沉稳。她已经不记得自己不谙世事时的模样，面对世事荒凉沧桑，她有时候也难免冷漠。只不过，深埋在她骨子里的那份善良，从未改变。

莲花出淤泥而不染，濯清涟而不妖。巴清自认并非一朵莲花，她的身上已经沾染了世俗的尘埃。

可人活于世，谁又能清清静静地走完一生？人间就是一座巨大的染缸，每个人都是纯洁而来，却在不知不觉中被染成了花花绿绿的颜色。

一阵急促的脚步声打断了巴清的思绪，急匆匆赶来的是家中的仆人，他说，门外有人求见，看穿着，似乎是一位官员。

与巴清打交道的，不是商人，就是富豪，偶尔也会有一些官员购买丹砂，不过官员是不会轻易出面的，总是派自己的手下来与巴清沟通。

听到这次来的是一名官员，巴清有些疑惑，为何这名官员不派手下前来，而是亲自登门呢?

这样想着，她便不知不觉走到了厅堂。她早已吩咐仆人将门外的贵客请进来，当她出现在厅堂中时，仆人已经为客人奉上了清茶。

光是看那人的装扮，巴清就知道，此人的官职一定不小。再看他的气度与谈吐，巴清更加确认，这一定是位大官。

果然不出巴清所料，此人正是来自都城，这一次来到巴地，是与巴清谈一笔丹砂生意的。

有生意上门，巴清自然不会退却。两人很快就聊到了交易的细节，不过，当对方说出采购丹砂的数量时，让巴清大吃一惊。

就算巴清是最大的丹砂商人，也从没有遇到谁一次性采购如此之多的丹砂。有那么一瞬间，巴清甚至怀疑眼前的人是不是个骗子，借由谈生意，想骗走金银。

对方似乎也看出了巴清的疑虑，他索性开诚布公地告诉巴清，他并不是为自己采购丹砂，而是被自己的上级指派过来的。

听到他这样说，巴清更加疑惑。看他的样子，官职已经不小，那么职位在他之上的人，岂不是……

没等巴清开口，对方便已经揭晓了答案。没错，派他来的，正是统一了天下，身居皇帝宝座的秦始皇。

即便是有再多见识，听到秦始皇的名字，巴清还是难免震惊了一下。尤其是听说秦始皇将成为自己的主顾，巴清更是惊讶得瞪大了眼睛。

如果换做旁人，听说皇帝也要从自己手中购买丹砂，一定会十分激动，甚至觉得天下的财富都将归为己有。可巴清在震惊过后，心底竟然有一丝隐隐的担忧，这个主顾的来头实在太大，完全得罪不起。尤其是听说秦始皇暴虐成性，如果稍有不周全，那全族的性命堪忧。

可是，秦始皇的使者上门，自然也没有赶出去的道理。这单生意，注定是要硬着头皮接下来了。

使者告诉巴清，秦始皇虽然从未见过她，却早就听说过她，并且对她的身世，以及经商的经历十分了解。

为了让巴清相信，使者还将自己对她的了解简单地说出一些，比如他知道巴清的娘家并不算富庶，却也衣食无忧，巴清自幼饱读诗书，早早地嫁给了经营丹砂生意的丈夫。可惜丈夫英年早逝，将庞大的丹砂生意留给了巴清，她凭借着自己的努力，一步步地将家族生意做成如今的规模。

说到此处，巴清已经不再惊讶了。的确，身为皇帝，想要了解一个人，是易如反掌的。既然秦始皇的使者已经找到了她，就说明秦始皇已经认定了，一定要与她做成这一单生意。

巴清无须多想，也知道秦始皇需要如此多的丹砂做什么。有钱人都追求长生不老，更何况是一个拥有整个天下的皇帝？

既然不能推脱，巴清决定，索性就将秦始皇当作一名大主顾来对待吧。

自从秦始皇登基，便着手为自己修建皇陵。秦始皇对巴清了如指掌，巴清对秦始皇的了解却十分有限。她只知道秦始皇想用丹砂来炼制长生不老的丹药，却没有想过，炼制丹药哪里需要数量如此庞大的丹砂？其实，他是要利用丹砂来炼制水银，放在自己的皇陵之中。因为秦始皇不知从哪里听说，水银能够帮助自己死后成仙。

其实，秦始皇虽为一国之君，却不是霸道不讲理之人。这一笔生意，他不会占巴清的便宜，自然也会让巴清有利可图。

有了秦始皇这位大主顾，巴清自然会赚到不少的钱。不过，让巴清担心的，并不是能不能赚到钱，而是她听说，秦始皇做事的风格，向来是“先用之，后弃之”。她担心，一旦自己没有了利用价值，下场会变得十分凄惨。

当年，为了免于被秦国吞并，各个诸侯国的地方权贵联合起来造反。

造反失败之后，秦始皇下令，将各地有势力的贵族统统迁到咸阳居住，并且派专人对这些人的行踪进行监视。

这些地方权贵的遭遇，就是巴清的前车之鉴。她担心，自己将来也会落得如此下场。

不过，巴清与这些造反之人毕竟是不同的。秦始皇最初只是需要她为自己提供大量的丹砂，天长日久，秦始皇也渐渐听说了巴清的一些事迹，比如她的贞节，比如她对乡邻的资助。

这让秦始皇对巴清越来越感兴趣，终于，他萌生了见一见巴清的念头，并且说见就见，立刻派人将巴清从家乡请到咸阳城来。

就这样，巴清第一次走出了自己生活了几十年的巴山蜀地。一路上，她都在想，也许自己这次去往咸阳，就再也没有归期了。说不定，秦始皇也会将她软禁起来。

皇宫富丽堂皇，宫殿中的陈设是那样华丽，这一切都让巴清惊叹不已。

朝堂之上的官员，都用异样的眼神看着巴清。许多人并不知道巴清的身份，更不知道她与秦始皇之间的关系。有些人窃窃私语，不用仔细去听，巴清就知道，他们一定是在议论自己。

虽然巴清的容颜依稀还能看出年轻时的清秀，可毕竟岁月不饶人，她的脸上，早已经布满皱纹。许多官员并不明白，秦始皇为什么会看上一个比他还要老的女人。

巴清并没有心情去在乎别人对自己的猜测，此刻，充盈在她的脑海的，是如何在皇帝面前保全自己家族的财富，保全自己族人的性命。

在皇帝面前，任何一个人都是危险的。没有人可以凌驾于皇帝之上，无论是名声，还是财富。

巴清想到的最糟糕的可能，就是自己的全部家财被查抄，几代人的辛苦打拼，很可能就这样归零。

这样想着，她的步伐也越来越沉重。前方不远就是皇帝的宝座，秦始皇就端坐在宝座之上，威严沉稳地看着巴清一步步向自己走来。

秦始皇与巴清此时都未曾想到，冥冥之中，他们之间还会有一段奇妙的缘分。那缘分带来的不是爱情，却类似亲情。两个素未谋面的人，将会在短暂的相处之后，渐渐熟悉，并彼此欣赏，彼此尊敬。

秦始皇的疯狂梦想

人的一生，又何尝不是一场流浪？我们不能选择自己在何地出生，长大之后虽知道心中想要到达的远方，却又被无情的现实推动，与理想中的目的地背道而驰。又或者，你原本想要永远留在原地，却被一股无形的力量强迫着、牵引着，去到另一处。

咸阳是秦朝的都城，这里没有巴地的清静，无论是皇宫还是市井，都是一片浮华。在这里，巴清是异乡人。她从未想过，年轻时没能漂泊四方，已近老年，反而来到异地。

最初来到皇宫中的日子，巴清是孤寂的。她不知道等待着自己的是怎样的命运，直到秦始皇第一次在朝堂以外的地方与她见面，她心中的不安才渐渐散去。

原来，秦始皇并未打算将她软禁。第一次交谈过后，秦始皇就对巴清的为人钦佩不已。不再年轻的巴清，的确不适合为了家族生意过多地操劳。秦始皇打算让她日后就在皇宫里居住，给她最好的衣食，让她享受到最好的照顾。

第一次在非正式场合交谈，秦始皇就对巴清打开了心扉。就连秦始皇自己也说不清，面前的这个女人究竟有怎样的魔力，能够让自己卸下防备，收起皇帝的威严，如同朋友，如同姐弟一般对坐谈心。

秦始皇告诉巴清，自己是在赵国邯郸出生的。十三岁时，他就已经成为秦国的国君，二十二岁成人加冕仪式结束以后，便开始正式亲政。

当最后一个诸侯国被他击败，整个中国被他统一的时候，他才三十九岁。如此辉煌的战绩，在之前的历史中，没有任何一个人能够出其右。

巴清第一次仔细观察面前这个威严的男子。之前在朝堂之上相见时，他们一个是君王，一个是百姓，巴清甚至不敢将目光在他的身上过多地停留。直到现在，两人之间的气氛从尴尬变为平和，巴清才终于敢仔细去端详秦始皇的眉眼和身形。

巴清眼中的秦始皇，有一张如同老虎般宽阔而又威严的嘴巴，他的两眉之间，有一块突出的骨头，鼻梁很高，眼睛细而长。看罢五官，巴清又将目光放在秦始皇的身形上。她发现，秦始皇的胸前有一块突出的部分，当时的人们将这样的身形称作“挚鸟膺”，也就是如今所说的鸡胸。

不过，这一点缺陷，并没有让秦始皇的身形显得可笑。因为他的身材十分伟岸，有八尺六寸之高，腰也十分粗壮。无论从哪个角度去看，这都是一个健硕伟岸的身材，无形中就带着几分威武之势。

秦始皇告诉巴清，自己在登上王位之时，还曾经遭受过朝中大臣的诟病。因为他们坚持认为，自己不是子楚的儿子，而是吕不韦的私生子。

秦始皇的生母赵姬在被献给子楚之前，的确是吕不韦的小妾，这也难免会让人浮想联翩。有人说，赵姬在被献给子楚之前，就已经怀有身孕，那个孩子便是嬴政，也就是后来的秦始皇。

关于这一点，嬴政在幼年时也曾经难过了很长一段时间。不过，长大以后的他从自己的出生时间推断出，吕不韦绝不可能是自己的生父。

随着年龄的增长，嬴政也越来越不把流言当回事，他是至高无上的王，这个天下都要以他所说的话为准。

在见到秦始皇之前，巴清曾听说他是一个“弑父驱母”之人。当与秦始皇深谈之后才得知，他将母亲赵姬驱逐，实在是不得已而为之，因为她与嫪毐所生的儿子，不仅威胁到他的王位，更威胁到他的性命。

至于“弑父”，更是无稽之谈。虽然吕不韦的确是因为遭到贬官，才自杀身亡，可他根本不是嬴政的生父，即便他的死与嬴政有关，又何来“弑父”之说？

对于“焚书坑儒”之事，巴清也有耳闻。不过，她没有胆量在秦始皇面前提及此事，没有想到，秦始皇却主动谈了起来。

当时，中国刚刚统一，各诸侯国之间的文化并不相同，秦始皇统一中国之后要做的第一件事，便是将文化进行统一。在这个过程当中，自然也就产生了许多矛盾。一些儒生因此对秦始皇进行咒骂，还有一些方士趁机想要欺骗秦始皇。

无奈之下，秦始皇才下达了“焚书坑儒”的指令。不过，在巴清面前，秦始皇也承认，自己当年的行为的确有些过激，然而却是无奈之举。如果他任由儒生们对自己咒骂，世人就会质疑这个皇帝的威严，六国的文化，也许到了今日也无法统一。

在交谈之中，巴清也发现，秦始皇对神仙方术，有疯狂的执迷。在皇宫里，时常有修道之人出没，据宫中的老人说，秦始皇从二十多岁开始就迷上了长生药与“真人术”。

据说，秦始皇为了修仙，甚至将自己的皇宫搬到了咸阳地宫当中，每天就在那里批阅奏章，不走出地宫一步。因为有修道之人告诉他，在地宫中可以接引仙气，不受打扰地与神仙相通。

秦始皇坦白地告诉巴清，之所以将她接到京城居住，是因为他曾经还有一个特别的想法。因为在外人传说中，巴清也是一名掌握了神仙方术的女子，再加上她对丹砂的了解，秦始皇希望她能帮助自己完成长生不老的梦想。

不过，见到巴清之后，秦始皇才知道，原来这都是世人的讹传。巴清的确对丹砂了如指掌，却对神仙方术一无所知。

秦始皇说，他对修仙之术的痴迷，源于一首《巴谣歌》：“神仙得者茅初成，驾龙上升入太清，时下玄洲戏赤城。继世而往在我盈，帝若学之腊嘉平。”秦始皇坚信，这首歌谣中所唱的内容，就是在劝自己修仙。

巴清出生于巴地，对于这首《巴谣歌》自然也耳熟能详。她虽然并不知道歌谣中所唱的内容，是否真的是在劝皇帝修仙。不过，不知为何，她觉得自己愿意帮助眼前的这个男人，将自己对丹砂的所有了解，都运用在炼制丹药当中。

炼制丹药的技艺发展到秦朝，已经出现了一些成熟的方法。皇宫的藏书阁里，也收藏有一些与炼丹有关的文本。巴清曾经粗略地翻阅了一下，大概有几百种配方，并且，每一种配方都被认为能炼制出长生不老之药。

不过，在秦始皇即位之前，炼丹之术还没有如此兴盛。可以说，是秦始皇推动了炼丹之术的发展，这其中自然也少不了巴清的作用。

有些人炼丹，是像秦始皇一样追求长生不死，而有些人却是通过炼丹炉来炼金。

在先秦时，流传着一种说法：“丹砂二百年后变成青，再三百年后变成铅，再二百年后成为银，再二百年后化成金。”这也就是所谓的“土生金”的五行生克学说。

于是，便有人希望通过炼丹炉来加速丹砂到黄金的转化过程。古人认为，炼丹炉能够凝练天地之气，夺天地之造化，炉中的高温能够令丹砂在七日之内就变成黄金。不过，在炼金的同时，他们也会在丹砂中掺杂各种药物，至于具体是什么，每个人都有不同的秘方。

巴清并不知道是否真的有人将丹砂炼成了金子，也不知道丹砂是否真的能炼出长生不死之药。不过，她愿意尝试一下，这其中，也有她自己的一份好奇。

秦始皇的疯狂梦想，就是打造一个万世帝国，也就是通过他的长生不死，将统治延续千秋万代。如果巴清当时帮助秦始皇炼成了不死之药，便等于创造了一个奇迹。然而，奇迹终究没有发生。

随着时间的推移，人们对秦始皇将巴清接入皇宫居住的动机越发怀疑。他们不相信，一个与秦始皇没有半点血缘关系的女人，只凭贞节，就能让秦始皇如此敬重。

不过，人们也发现，秦始皇与巴清之间的确没有男女之情。这更让他们浮想联翩，认定巴清一定掌握了不死之药的炼制方法，否则秦始皇怎么会将她奉若上宾?

其实，秦始皇更看重的，是巴清为炼制不死之药付出的努力。她并非是什么神女，只不过对于丹砂的了解比常人更多。在替秦始皇炼制丹药上面，她的确贡献出了自己的全部智慧，有时候提出的一些想法，就连资深的修道炼丹之人为之惊叹。

巴清的身份，至死都是一名传奇的女商人，而不是一名巫女。试想一下，如果巴清真的是来自巴地的一名巫女，也许秦始皇的那个长生不死之梦，早就变成了现实。

第六章

线索

小人物联结大历史

大时代的风云底色

花香、月色、山水、云烟，在这人世间，似乎都不是什么难得的景致。甚至有人觉得这些事物都太过平淡。巴清却觉得，淡，才是人生真正的底色，也唯有平淡，才能勾勒出一抹馨香，馥郁了眷恋。

刚刚统一起来的中国，进入一个新的时代。对于生活在这个时代里的任何一个人来说，仿佛人生都重新开始了。

在这样一个时代当中，商人的处境似乎比从前好了许多。在商鞅变法的时代，商人是被打压的群体。而此时，商人似乎渐渐开始扬眉吐气起来。

其实，早在秦始皇刚刚即位的时候，商人的地位就相比从前有所提高，这其中也少不了著名商人吕不韦的功劳。可以说，如果没有吕不韦，嬴政的父亲子楚便不会成为秦王，那么也就不会出现统一六国的秦始皇。

秦始皇对吕不韦几乎是闭口不谈的，巴清对吕不韦的了解，也大多是从别人那里听说的。

吕不韦是商人出身，可以说，是一名非常成功的商人。他常年往来于各地，搜罗各种货物，低价买进，高价卖出，所得资产，有千金之多。在当时，吕不韦才是那个富可敌国之人。不过，在他的眼中，千金之贵不如一爵之贵。

因此，哪怕是成为一国首富，吕不韦也觉得没有走上仕途光彩。于是，他便想方设法为自己制造走上仕途的机会。事实证明，吕不韦是一名天生的投机分子，无论是在商场，还是在官场。

当他第一次见到在赵国做人质的子楚时，便立刻认定，子楚就是一件“奇货”，在未来的某一天里，一定可以“卖”出很高的价钱。这个价钱不是金钱，而是吕不韦朝思暮想的官位。

在子楚面前，吕不韦也算是一个开诚布公的人。他直截了当地告诉子楚，自己可以帮助他登上王位。可在子楚听来，吕不韦说的仿佛是梦话。

听到子楚的嘲笑，吕不韦并未气恼。他告诉子楚，只有子楚当上秦王，自己才有可能加官晋爵。

就这样，吕不韦取得了子楚的信任。在赵国做人质的子楚，日常生活十分困窘，穿不上好衣服，坐不上好马车。而有了富商吕不韦，子楚的生活就变成了另一番模样。为了帮助子楚结交宾客，吕不韦豪爽地拿出千金送给子楚，就是为了让安国君和华阳夫人相信，子楚是一名广交宾客之人，日后好立子楚为太子。

当时，子楚就曾立下誓言，如果自己真的被立为太子，并成为秦国的国君，那么秦国的土地，将由他和吕不韦来共享。

于是，吕不韦将五百金送给子楚，除了结交宾客之用以外，也可以贴补日常的生活开销。之后，吕不韦又用五百金购买许多珍奇玩物，亲自带着这些东西前往秦国。到了秦国，吕不韦先去拜见了华阳夫人的弟弟阳泉君，以及华阳夫人的姐姐。他委托这两人将他带来的奇珍异宝统统献给华阳夫人，并在华阳夫人的面前替子楚多说好话。

在吕不韦的口中，子楚把华阳夫人当作生母，因为思念母亲，而日夜哭泣。华阳夫人并没有子嗣，吕不韦就是看准了这一点，借着阳泉君的嘴，将一些话传到了华阳夫人耳中。

吕不韦说，古往今来，多少女人都因色衰而爱弛。华阳夫人虽有美貌，无奈没有子嗣。如果有一天，夫君离世，那华阳夫人所享受的荣华富贵将随之消失。如果趁此，选一个优秀的人做自己的养子，华阳夫人能靠这个儿子保住权势与地位。

为了确保自己的一生荣宠，华阳夫人自然立刻将这件事情提上了日程。

就这样，吕不韦用钱财支撑着子楚一步步走上王位。可以说，子楚是吕不韦交易过的最成功的一个“商品”，如果不是吕不韦有着极大的冒险精神，想必也不会获得日后的荣华富贵。

如果一直只有商人的身份，哪怕是富可敌国，吕不韦也只能穿着带有特殊卑贱标志的衣服，不能乘坐高车驷马。因为在当时，商人的地位并不比家奴和罪犯高多少。

在子楚的身上，吕不韦可谓是投入了巨额的资金。当子楚坐上秦国的王位，也终于兑现了自己的诺言，他让吕不韦坐到了相国之位，也就真的等于与他一同分享了秦国的土地。

其实，在吕不韦决定在子楚的身上“押宝”之前，他曾经与自己的父亲商量过。当时，吕不韦问自己的父亲，如果耕田，最高的利润能达到几倍？父亲告诉他，最多十倍。吕不韦又问，如果是做珠宝买卖生意，最高的利润可以达到几倍？父亲告诉他，最多百倍。吕不韦又问，如果立一个国君，最高的利润可达多少倍？父亲告诉他，无数倍。吕不韦便这样下定了决心。

可以说，吕不韦已经不仅仅是一名普通的商人，还是一名商贾。因为，即便是最贪婪的商人，也不过只能从经商中获得三成的利润。他们眼中看到的，都是眼前的小利。

而商贾，则懂得谋求长远而又丰厚的利润，利润的比例最少也要达到五成。更何况，吕不韦已经不仅仅是一名商贾，还是一名政客，他的这一笔“生意”，不仅获得了金钱和土地上的利益，更让自己的社会地位得到了提升。

随之而来的，还有他的家族荣耀，自己所掌握的权势。这些利益，是无法用金钱来衡量的。

吕不韦是一名有野心的商人，巴清却不是。即便是住在皇宫，巴清每天心心念念的都是她的族人。

她虽然已经将秦始皇当作朋友，可他毕竟是一名君王。伴君如伴虎的道理，即便她从前不懂，可是看到宫中每个人在秦始皇面前唯唯诺诺、毕恭毕敬的样子，也了然于心了。

秦朝，一个刚刚建立起来的朝代，一切都百废待兴。一个全新的时代，正带着滚滚风云，朝这片广袤的土地席卷而来。

此时的皇宫中有多少笑靥如花，在从前的战争中便有多少泪流成河。朝代的更迭，必将以鲜血横流为代价。

身为女子的巴清，并不具备令时代变色的能力。其实，她早就认清了这个道理，国家的兴衰存亡，唯有君王才是有决定权的那个人。

她听说，是因为妲己迷惑商纣王，才导致了殷商的灭亡；是因为西施迷惑了吴王夫差，才导致吴国被越国打败。事实上，一介弱女子，又何尝不是被那些男人所利用，她们又哪里有颠覆朝野的能力？

巴清觉得，那些将一切责任都推到女人身上的男人，是没有出息的男人，简直一文不名。所谓红颜祸水，不过是为了掩盖君王的荒淫无道。是那些无辜的女子，替那些没有能耐的男人背了生生世世的骂名。

她再回过头来看当朝的国君，那个人人都认为他凶残的秦始皇，巴清觉得，至少他是一个顶天立地的男子，自己所做的事，全都由他自己承担。

也许，对于女子，秦始皇并不那么尊重，可至少他不会将自己的过错都推到女人的身上。更何况，从与秦始皇的相处中来看，他对巴清处处礼遇，处处尊敬，丝毫看不出来他是一个视女子为草芥的人。

秦始皇帝陵中的水银

漫长人生中，若说寂寞，谁又不曾体会过？绚烂的红尘中，都无法避免在孤单中独醉。在死后的地下世界里，又哪里能够真的期盼还能感受到人间的喧嚣与繁华？

多年的寡居生活，巴清早已经习惯了寂寞。寂寞对于她来说，已经是一种常态，仿佛这就是她的生活方式。

可秦始皇是个无论如何都不甘寂寞之人。他不仅追求活着时的叱咤风云，就连死后都要如同活着时一般风光无限。他愿意倾尽一生去追求长生不老的仙方，不过，登基成为秦国君王之后，秦始皇也开始为自己死后的皇陵做准备了。

那同样是一项浩大的工程，虽不如长城伟岸，却也动用了不少人力与物力。从巴清那里采购来的丹砂，大部分都被炼制成水银，放在了皇陵当中。

为了给自己的皇陵挑选一块风水宝地，秦始皇派出许多精于陵墓设计的工匠四处寻找，终于找到了一处风水绝佳又足够隐蔽的地方。皇陵的设计，称得上独具匠心。陵园的正中，便是高大的封冢。在封冢的外围，有两道夯土城垣，呈“回”字形。在外城垣的东、南、西、北四方，各有一道门。整座陵园威严雄壮，仿佛秦始皇生前居住的宫殿一般。

秦始皇对于长生不老的追求已经到了痴迷的程度。在向巴清购买丹砂之前，就派出徐福东渡日本，去寻找长生不老之药。可是，秦始皇万万没有想到，徐福这一走，便杳无音讯，再也没有回来。

徐福走后，秦始皇不知从哪里听说，如果在陵墓中倾注大量的水银，便能让遗体万年不腐，并且能帮助死去的人成仙。

既然徐福已经不能指望，秦始皇便将全部的希望都寄托在了水银上。可以说，因为对水银的强烈需求，才有了秦始皇与巴清的相识。

秦始皇的陵墓，从地面向下足足挖了有三十米之深，光是地宫的高度就达到十五米，相当于四层楼房的建筑。

大量的丹砂被炼制成水银，注入了这座地下宫殿之中。

秦始皇生前，坐拥天下财富。他希望自己死后也可以继续占有天下财富。于是，大量的金银器具，被放置在了皇陵之中。不过，放在皇陵中的器具，并非是纯金或纯银，大多是镀金和镀银，而水银便是镀金与镀银的过程中不可或缺的一种材料。

也许就连秦始皇自己都没有想到，如此多的水银，反而起到了保护皇陵的作用。多年以后，在盗墓贼泛滥的时候，只要有人进入秦始皇的地宫，水银便会释放出汞蒸汽，令闯入的盗墓者中毒身亡。

不过，秦始皇自然不会预料到这些，他原本是希望水银能够为他铺就一条通往仙境之路。

在秦始皇陵的修建过程中，巴清自然起到了不小的作用。她知道，丹砂加上水银，便有可能造就不死之药。虽然巴清本人并不是什么巫师，可在她的家乡巴地，便有一座巫山，那里就是中国巫文化的发源地。

在上古神话当中，巫山是神山，是灵山。据说，不死之药就产于那里。其实，不死之药指的就是丹砂和水银。

当时的人们，称巴人巫师为“远古智者”。在百姓眼中，巫师是神秘的，是至高无上的，他们具备通神的力量，也具备炼制不死之药的能力。

巴清曾经亲眼见过巫师通神的经过，在整个过程当中，巴清不仅觉得神秘，还觉得有些许的恐怖。

在通神之前，巫师会服食下少量的丹砂粉末，之后便开始了与神灵之间的连接。巫师的手与身体做着奇怪的动作，嘴里反复念诵着巴清听不懂的咒语。没过一会，巫师的身体开始变得僵硬，之后便是不断地发抖。据说，这个时候，便是巫师与神灵之间相通了。

第一次见巫师通神，巴清还是个小孩子。在大多数时候，她都把头埋在母亲的怀里，莫名地觉得巫师的一举一动是那样可怕。

当渐渐长大之后，巴清也习惯了看巫师通神。她自己也会因为一些事情求助于巫师，然而，她最想做的，是借助于巫师，与丈夫的灵魂进行对话。

可惜，这样的愿望终究没能实现，她从未向巫师提出过这一请求，因为她怕与丈夫对话之后，自己的生命中将会再次被空虚与寥落填满。

因为生长在巴地，巴清对巫文化的了解比别人更多。身为一国之君的秦始皇，深谙治国之道。他明白，想要掌控一个国家，仅仅靠掌握政权与军权是不够的。还有十分重要的一点，便是神权。因为当时的百姓对神的敬畏，远远超过对君王的敬畏。

因此，秦始皇必须让百姓相信，他已经掌握了神权。即便是别人误以为巴清就是来自巴地的巫师，秦始皇也不会特意去解释。他甚至愿意让别人产生这种误会，以便更加坚信，秦始皇与能够通神的人有紧密的联系。

巴清为秦始皇提供的丹砂，变成了一批又一批的水银，流向秦始皇陵的深处。皇陵中的烛火，在水银的表面照出点点绚烂的光晕，那仿佛就是一代帝王秦始皇那个永生不死的迷梦。

光是看皇陵中的物品陈设，就知道秦始皇对升天的渴望有多么强烈。古时有“驾鹤西去”的说法，秦始皇便在皇陵中放置了许多青铜制成的仙鹤。仙鹤的脚下有云状的青铜踏板，这足以证明，秦始皇希望自己死后，能够乘着仙鹤，踩着祥云升天成仙。

皇陵中的每一只仙鹤，体长都超过一米，姿态各异，有的直立回望，有的低头饮水，有的站立，有的呈卧姿。然而，就连被认为是巫女的巴清也不知道，这些青铜仙鹤是否真的能够驮着秦始皇死去的身体飞升天界。

巴清并没能亲眼看到秦始皇的皇陵有多么壮观，自从进入皇宫，她便再没有走出去的机会。她听说，那座位于骊山的皇陵，不仅有寝殿、饲官、官署、珍兽坑、马厩坑，甚至还有城墙。那简直就是一座地下的皇宫，秦始皇还命人用陶土烧制了许多兵马俑，作为自己死后在地下调遣的“军队”。

近三十年过去了，这项庞大的工程，依然没有完工。

从外观来看，秦始皇的皇陵只是一座小山包。很少有人能想到，那座并不起眼的山包下面，就是华丽无比的地宫。在外城垣的周围，也就是东、南、西、北四个方向，还分布着数百座地下陪葬坑。

秦始皇并不是第一个为自己建造皇陵的君王，然而，他的皇陵耗时之久，用人之多，却再也没有人能够与他相比。登基那年，嬴政刚刚年满十三岁。一个十三岁的少年，却已经开始为自己死后的事情做打算。

巴清不禁感叹，少年时的嬴政，该是一个多么没有安全感的孩子。他不放心将自己的事情交付于他人，必须要亲眼看着别人在自己的指挥下，搭建好一个属于他的坟墓。

的确也有许多君王在生前便为自己建造陵墓，不过，这大多发生在他们执政的中后期，也就是他们年老之时。只有秦始皇，一登基就开始为自己死后的事情做打算了。

早在秦始皇统一六国之时，皇陵就已经完成了主体工程的施工。统一六国之后，皇陵的修建工程便扩大，一直到秦始皇三十五年，依然没有完工。就连秦始皇死后，秦二世也用了一年多的时间继续替秦始皇完成皇陵的修建工程。

如果不是陈胜与吴广的起义，也许皇陵的修建工程还要延续得更久。当时，起义军已经攻打到了距离皇陵不足数千米的地方，大军直逼咸阳城。秦二世为此惊慌失措，赶忙找来群臣商议，可群臣也束手无策。

无奈之下，秦二世只得将用来修建皇陵的大军调回，抗击起义军。因此，皇陵的修建工程不得已终止。

秦始皇一定不会想到，他倾尽一生去修建的皇陵，直到最后也没能竣工。不过，他终究还是留给了世界一个伟大的奇迹，也留下了许多与皇陵有关的神秘传说。

国家的一流冶金专家

暗夜里的繁星，拼尽全力地散发出点点微光，似乎是想要照亮这一片死寂的大地，却终究因为能量太过微弱，只能沦为浩瀚苍穹中的几许点缀。

巴清伫立在点点繁星之下，微微地昂着头，想要数清楚天上星星的数量。

整整一个白天，她都在教导替秦始皇干活的工人们如何才能更好地从丹砂中提炼出水银。巴清的这个能力，宫中无人能及。于是，秦朝宫廷上下，都将巴清认作一流的冶金专家。

巴清的家族拥有数不清的丹穴，几代人就是凭借着开采丹砂、提炼水银，过着富庶的生活。良好的家境让巴清养成了不卑不亢的沉静个性，无论对待任何人，她都彬彬有礼，周身却又散发着令人不知不觉想要对她仰视的气质。

在所有秦朝的商人中，巴清具有绝对的不可替代性。其他的商人，大多从事货物、农业贸易，唯有巴清，从事丹砂矿藏开采，也唯有巴清，以女性的身份，屹立于由男人们主导的秦朝商界当中。

有人觉得，巴清之所以富有，是因为借助了夫家的财力。然而，巴清的崛起，却是在她的丈夫离世之后。于是，巴清便成了一个因不依附于男人而成名的女人。正因如此，一向以严苛著称的汉代史学家司马迁，才义无反顾地将巴清的事迹收录到他所编撰的《史记》当中。

秦始皇想要在皇陵中制造出百川、江河与大海，水银便是必不可少的材料。这就对提炼水银的工匠提出了巨大的考验。巴清为秦始皇提供的丹砂，自然都是丹砂中的上品。如果炼制方法不当，白白浪费了这些丹砂，岂不可惜？

巴清丈夫的家族世代经营丹砂，对于丹砂的炼制方法自然也十分熟知，甚至有独特的技巧。这项技巧，巴清也已经掌握。她原本不打算将这独门技巧传于他人，可如今，身在皇宫，为了保全家族的安全，也不得不将其分享。

巴清为秦始皇皇陵所做的贡献，又何止提供丹砂与提炼水银？按照秦始皇的要求，地宫内“以水银为百川江河大海”。这必须要经过精妙的设计，并且要在施工时十分谨慎，没有一定的技巧，是难以完成的。

如此一来，仅有懂得设计与建造皇陵的工匠，就远远不够了。他们虽懂得建筑的设计、构造、施工，却对水银不够了解，更不知道怎么控制水银，能做这件事情的，唯有巴清。

巴清知道，秦始皇之所以将她接进皇宫，又何止是让她颐养天年那么简单。聪明的巴清明白，秦始皇把自己留在他的身边，还有更重要的目的。

与其等秦始皇下旨命令，不如自己主动开口。于是，巴清便找了一个合适的机会，主动将皇陵中灌注水银的设计与施工责任承担了下来。

这正是秦始皇所希望的，他自然立刻应允了巴清的请求。至此，巴清也就更具不可替代性。

人们对她的仰视与尊敬，在巴清看来，都是为了讨好秦始皇。这一切，她早已看淡。她是一个活得透彻的女子，从不会因他人的喜恶来影响自己的喜悲。活了大半生，看尽人世沧桑繁华，她已认清，寂寞才是这个世界的永恒。

她如今能够做到的，就是用一己之力保住整个家族。自从踏入皇宫的那一刻起，她的性命与荣辱就不再只属于自己，而是关系到远在巴地的家人。

巴清无力阻止世人对她的偏见，更无暇去顾及自己在死后会留下怎样的名声，这些都不是她能左右的事情，既然如此，索性便顺其自然吧。

她将自己所掌握的一切与冶金有关的知识，都毫无保留地教给了皇宫中的冶金工匠。即便如此，每当遇到难题，还是只有巴清亲自出面才能解决。

那些认为秦始皇残暴的人，不可避免地将巴清视作了秦始皇的“同党”。他们觉得，秦始皇劳民伤财地修建皇陵、修建长城、修建阿房宫，巴清也是参与其中的一分子。

这样的误解，对于巴清来讲，是多么冤枉。她本是一介商人，好好地在巴地经营着自己的生意。她从未想过有朝一日会到咸阳，更没有想过自己的晚年生活会在皇宫中度过。她所求的，不过是安稳度日，保住家族的荣耀与财产，保住自己的贞节。在合上双眼那一刻，在另一个世界里与自己的丈夫重逢。

巴清能够替秦始皇贡献的，除了丹砂，还有冶金技术，也就是提炼水银。可惜，因为后世对秦始皇的误解，让他背负了太多的骂名。这些骂名，也或多或少地连累到了巴清。

一杯清茶，便足以抚慰人言在巴清心头留下的伤痕。寡居多年，她的心已经包裹上一层坚硬的外壳，再难听的话语，也无法伤及半分，最多只是留下一个浅浅的印记而已。

醉人的月色，是巴清最欣赏的美景。别人喜欢什么，厌恶什么，都与巴清无关。能够撩动她心弦的，唯有眼中的美景而已。

别人想说的，就让他们去说吧，只要无愧于心，这便是巴清做人的准则。

清风徐徐律动，拨动着巴清的发梢。此时的晚风，已经褪去微凉，温暖得有些醉人。巴清的手中攥着一卷与冶金有关的竹简。刚刚夜色还没有降临的时候，她还手执毛笔，在竹简上细细记录自己所掌握的冶金工艺与技巧。

可惜，岁月不饶人。只要天光不再明亮，她的视线便会变得模糊。无论点上多少盏烛火，都无法让她看清写在竹简上的字迹。

索性，剩下的内容，就明天再写吧，这毕竟不是一朝一夕便能完成的事情。

后世对巴清的评价，已经将她冶金的能力抛在了一旁。虽然司马迁在《史记》中为巴清留了许多笔墨，却口口声声只称她为“巴寡妇清”。“寡妇”二字，被司马迁特意强调，足以见得，他虽然认可巴清的事迹，却终究对她有一些轻视。

轻视巴清的人，又何止司马迁一个。北宋著名文学家王安石，同样认定秦始皇对巴清的表彰，是一件无知可笑的事情。王安石身为北宋宰相，在政治上十分激进，他认可秦始皇统一六国的丰功伟绩，不过也特意作诗《兼并》，表达对巴清的嘲笑：

三代子百姓，公私无异财。人主擅操柄，如天持斗魁。

赋予皆自我，兼并乃奸回。奸回法有诛，势亦无自来。

后世始倒持，黔首遂难裁。秦王不知此，更筑怀清台。

王安石并不是唯一一个在诗中提到巴清的人，明代学者金俊明便在自己的诗中给了巴清一个公道的评价，他在《读史》中写道："丹穴传訾世莫争，用财为卫守能贞。祖龙势力倾天下，犹筑高台礼妇清。"

如果巴清知道后世对自己的评价，想必一定会牵动她那好看的嘴角，笑出温柔的弧度。在她看来，后世之人实在是多虑了，她并没有传说中的那么神奇，也没有他人所说的那样不堪。

她与秦始皇之间的关系，更像是合作者。巴清能为秦始皇做到的，也不过是提供丹砂与提炼水银的技术而已。

如果让巴清自己为自己挑选一个流传后世的头衔，她宁愿称自己为"冶金者"。

其实，巴清又何止是一名冶炼水银的专家，她更是当时秦朝上下一流的冶金专家。

在那个冷兵器时代，金属是锻造兵器的最重要材料。掌握冶金技术的人，总是能得到世人的尊敬。巴清，就是一个熟练掌握了冶金技术的人。

冶金关乎社稷，这是秦始皇最重视的事情之一。无论何时，国家都不可缺少冶金人才。不过，秦始皇也并未想到，巴清这样一名手无缚鸡之力的弱女子，竟然对冶金之术如此精通。

秦始皇二十六年（公元前221年），秦始皇下达了"收天下之兵，聚之咸阳"的圣旨。这些收来的兵器，被锻造成十二个巨大的"金人"，每个"金人"重达千石（80吨左右），高度有十六七米，就被放置在咸阳城内的皇宫之中，也就是人们所称的"十二金人"。

不过，所谓"十二金人"，并非是由真金打造。这里的"金"，是

“金属”的意思，也就是将收来的兵器融化、锻造而成的。

在秦始皇看来，这十二座金人，象征着天下太平。因为普天之下的兵器都被他收缴上来，也可以看作是不再会有战争发生的象征。他将这十二座金人放置在阿房宫的前殿广场中央，一个十分显眼的位置。秦始皇就是要通过这样的方式让天下人知道，大秦帝国从此迎来了和平，这份和平，将一直维持下去。

同时，秦始皇收上来的兵器当中，还有很大一部分是铁器。这些铁器也并没有闲置，而是用来打造了一座桥梁。

这座桥梁十分宏大，每块建造桥梁的铁板，都有数米之长，宽度也超过一米，高度接近一米，就连厚度都有三厘米左右。

每块钢铁铸件，重量都达到两三吨，人们也将这座桥称为“咸阳桥”。用来组建桥梁的铸件，就有四百多块。如果估算一下这座桥梁的重量，大抵需要一千多吨钢铁。据说，“十二金人”就是通过这座桥被运往阿房宫的。

无论是制作“十二金人”还是建成“咸阳桥”，巴清都功不可没。正是因为有了她熟练掌握的冶金技术，天下的兵器才能尽数被用上。

在设计“十二金人”与“咸阳桥”时，巴清也是重要的参与者。当时，她几乎每天都画出许多幅图样，将金人与桥梁的各个部位进行拆解、组合，再考虑桥梁的承重，以及金人的组装难易度。

她最清楚金属的特性，也知道怎样将那些冷冰冰的铜铁为自己所用。如此一来，秦始皇对巴清便更加依赖，她为大秦帝国做出了巨大的贡献，将自己的财富与智慧悉数贡献给了这个刚刚建立起来的王朝。

在秦始皇的心目中，巴清的地位是不可替代的。他从未对任何一个女性真心敬服过，巴清是第一个，也是唯一的一个。

她还为秦国做了什么

踏着细碎的年华，徘徊在尘世的路口。幽静的光阴，刻录下千年的点滴瞬间。千年之前的余音，袅袅扣人心弦。一幕幕曾经上演的场景，最终全部化作欢愉或是离殇。

初升的太阳给幽暗的房间带来了些许的光明，巴清不愿辜负这样好的阳光，便来到寝殿门前感受阳光照耀在身上的热度。她轻轻仰头，朝着太阳的方向微微眯起双眼。太阳晒在脸上的感觉，让她觉得此刻的人生，就已经足够静好。

皇宫中的宫女在宫中的小路上往来不停，各自替自己的主子办事，偶尔不忙的便凑在一起，聊一些从外面听来的奇闻逸事，权当解闷。

几个小宫女在不远的地方轻声说着些什么，她们并没有注意从寝殿中走出来的巴清，又或许觉得自己的谈话内容不用对巴清刻意回避，聊天的音量便渐渐大了起来。

一个小宫女满脸神秘地对另外几个人说："你们知道吗，皇上日日都关心修建长城的事情，没想到，前几天，刚刚修好的一处长城倒塌了。"

另外几个小宫女满脸惊讶的神色，直围着那名宫女，询问好好的长城怎么会忽然倒塌了。那名小宫女果然知道缘故，她刻意压低了声线，可那声音还是随着风传入了巴清的耳中，她说："你们肯定都想不到，那段倒塌的长城，是被一个女子哭倒的。我还听外面的人说，那个哭倒长城的女人叫孟姜女，容貌长得十分秀美，说不定皇上还要把她娶进宫呢。”

几名宫女一番惊奇感叹之后，便匆匆离开了。巴清留在原地一头雾水，这毫无来由的一个传言，让她有些隐隐的不安。

一直以来，巴清都对修建长城的事情十分关心。哪怕是百姓不理解秦始皇修建长城的目的，巴清也会理解。她并不相信一个女人真的有哭倒长城的力量，这其中一定有缘由。

于是，巴清便安排身边的贴身宫女，想办法去打听这番奇事。宫女很快就打听到了事情的经过，却比巴清想象中的更加传奇。

据宫女所说，那个名叫孟姜女的女子，不仅有哭倒长城的能力，就连出身都十分神奇。据说，孟姜女的家乡在江苏松江府孟家庄。她的父亲是一名农夫，尤其擅长种葫芦。一年，孟老汉种的葫芦十分茂盛，其中一棵还长到了邻居姜家的院子里。

孟家与姜家的关系十分要好，眼看那棵葫芦越长越大，便约定当葫芦成熟之后，从中间劈开，一家一半。

转眼到了秋天，那棵葫芦藤上果然结了一个硕大的葫芦。两家人高高兴兴地将葫芦摘下来，正准备平分的时候，忽然从葫芦里面传来了一阵婴儿啼哭的声音。

孟老汉赶忙将葫芦从中间切开，惊讶地发现葫芦正中坐着一个十分可爱的女娃娃。孟家和姜家都对这个女娃娃越看越爱，喜欢得不得了，都想把女娃娃收做自己的女儿。一时间两家人互不相让，还争执了起来。

最后，村中的老者出面调解，说既然当初就商定这个葫芦一家一半，那么这个女娃娃便也归两家人共同所有了。

因为孟老汉没有孩子，姜家便同意把女娃娃放在孟家抚养，不过，为了代表她也是姜家的孩子，便在名字中加了一个姜字，取名孟姜女。

孟姜女成为孟家和姜家的掌上明珠，随着时光流逝，孟姜女渐渐长大。她不仅容貌异常美丽，而且心灵手巧，十分聪明，歌喉也如同黄莺般婉转。转眼孟姜女到了该婚配的年龄，孟家和姜家却舍不得将这个心肝宝贝嫁出去。

一天，孟姜女做完针线活，便到自家的后花园去散心。刚好是荷花盛开的季节，荷叶吸引来五彩缤纷的蝴蝶。孟姜女正在扑蝶解闷，忽然听见身后有声音。回头一看，不知何时，一名满面疲惫的年轻公子进入了她家的后花园，孟姜女便立刻跑开，向父母禀告。

孟老汉听说一名公子私自闯进了自家后花园，十分生气，赶忙出来质问。公子看到孟老汉生气，连忙解释自己出现在这里的原因。

原来，公子名叫范喜良，是姑苏人士，自幼饱读诗书，却没想到秦始皇要修建长城，四处抓壮丁。范喜良担心自己被抓为壮丁，这才乔装改扮逃离了家乡，跑到这里，因饥渴难耐，这才擅自进入园中休息。

孟老汉看范喜良的谈吐，便知道他是知书达理之人。因为同情范喜良的遭遇，孟老汉便将他留在家中暂住。久而久之，孟姜女与范喜良暗生情愫，孟老汉看在眼里，便决定要促成这桩好事。

孟家和姜家为孟姜女和范喜良的婚事选择了一个良辰吉日，热热闹闹地举办了一场婚礼。没想到，孟姜女出嫁的事情，被孟家庄的一个无赖知道了。他倾心孟姜女已久，多次上门提亲都遭到了拒绝，听说孟姜女嫁给了范喜良，无赖便决定要报复。

无赖偷偷地跑去官府，说范喜良是为了躲避抓壮丁逃跑出来的。就在孟姜女与范喜良成婚的第三天，官兵便上门来抓人。他们不由分说地给范喜良套上了枷锁，恶狠狠地将他带走。

范喜良走后，孟姜女茶饭不思。转眼到了冬天，孟姜女想到丈夫走时还穿着单薄的衣服，还要辛苦地修建长城，于是日夜赶制一套棉衣，想为丈夫送去。

从家乡到修建长城的地方有千里之遥。孟姜女带着做好的棉衣日夜兼程，风餐露宿，就是希望尽快让丈夫穿上自己亲手做的棉衣。

好不容易来到长城脚下，孟姜女见到数以万计的民夫正在修建长城。她遍寻不到范喜良的身影，只能穿梭在人群之中四处打听。一位民夫告诉他，范喜良早就因为劳累过度而死，被埋在长城脚下了。

孟姜女觉得如同晴天霹雳一般，她没想到，自己日思夜想的丈夫，就这样在长城底下化作一缕孤魂，连尸首都找不到了。她恳请好心的民夫将自己带到埋葬范喜良尸体的那段长城。坐在城墙脚下，孟姜女想起自己与丈夫的短暂相处，想到自己一路上历经的艰难，越想越伤心，忍不住放声大哭。

据说，孟姜女一连哭了十天十夜，连天空中的飞鸟都忍不住发出悲啼，白云也为这哭声停下了脚步。忽然之间，刚刚修筑好的一段长城崩塌了，范喜良的尸骨也露了出来。

这段传闻听得巴清也为之惊骇，不过，她又觉得，这个故事有太多经不起推敲的地方，尤其是孟姜女的出生，简直就是一段神话。那么，关于孟姜女哭倒长城的这件事，其中又有多少真实的成分在呢？

民间百姓最喜欢流传这些带有神奇色彩的故事，一传十，十传百，传到皇宫之中，早已经不再是原本的模样。

巴清承认，为了修建长城，的确有许多民夫在不情愿的情况下被抓为壮丁。然而，这却是没有办法的办法。

在第一次拜见秦始皇的时候，巴清便从自己的家财之中拿出了一笔巨额资金，捐作修建长城的费用。

拿出这笔钱，巴清有两个目的：一个是希望借此保护家族人口的性命与财产，另一个是巴清真的觉得修建长城是一项丰功伟绩。

巴清的这一做法，得到了咸阳城中王公贵族的钦佩。那的确不是一笔小数目，他们不仅惊讶于巴清的家财之丰厚，更惊讶于如此一个弱女子，竟然如此有气度，如此慷慨。巴清的风采，也令朝中文武百官与王公贵族折服。

捐资修建长城，最终落得的无论是美名还是骂名，巴清都愿意承担。她就是这样一名倔强的女子，只要是她认定做的事情，哪怕遭受再多非议，她也不会后悔。

这就是巴清的个性，既喜欢温润的清茶，也喜欢纯美的烈酒。云淡风轻之时，她也如同清茶一般沁人心脾；是非对错之间，她就像一杯烈酒，割舍优柔寡断，催生勇敢果决。

后世提到巴清，大多都只记得她是那个为秦始皇提供丹砂与水银的富商，偶尔也会有人记得她一生为丈夫守住贞节，没有再嫁；甚至有人传说她是懂得炼制丹药的巫女，却很少有人记得，伟大的万里长城之中，也有巴清不小的贡献。

可惜，巴清的伟大壮举，只在史册中留下了寥寥数语。

第七章 特例

秦始皇的最高礼遇

庞大的私人武装力量

浮躁的生活，会让人忘了自己的本性。对于金钱，太多人都有着不切实际的幻想。

然而巴清早已不再对金钱执着，她所拥有的财富，足以令她得到大多数她想要的东西。可惜，她纵然富可敌国，却也不能换回丈夫的生命。

无数个夜里，丈夫的音容笑貌，如丝如麻地出现在巴清的梦里。她有时候甚至觉得，也许丈夫并没有离开，而是化作一缕清风，缭绕在她的身边。

都说浮生若梦，可在丈夫最初离世的时候，巴清每一天都度日如年。丈夫给了她一段温情，却也留给了她巨大的责任。这个责任不仅关系到她自身，更关系到整个家族。这其中既包括财富，也包括族人的安全。

兵荒马乱的时代刚刚结束，许多人在战火中流离失所之后，便再也找不到生计。有些人凑在一处，做起了强盗。家里稍有一些钱的人，随时有遭到强盗袭击的危险。

巴清家里的丹砂矿，也时不时会遭到贼人偷窃。即便是偷到少量的丹砂，以当时的市价，也能换取不少钱财。

几乎每隔一段时间，矿上的工人就会来汇报，说开采出来的丹砂莫名其妙地变少了。巴清起初并不在意，以为只是在清点数量时疏忽了。久而久之，这种现象越来越多，巴清这才提高了警惕。如果任由贼人肆意下去，说不定哪一天，他们会觉得自己一个女人好欺负，抢到家里面来。

巴清刚刚想到这一点，不远处的一家乡邻，就在一天深夜里遭了强盗。那户人家也是靠经商为生，不过生意不大，也请不起专门看家护院的人。

那天夜里，巴清是被叫喊声惊醒的。她急忙披上衣服跑到了院子里，却被自己的侍女拦了下来。巴清赶忙吩咐家里的仆人们拿上棍棒，出去将强盗赶走。她知道那户遭抢的人家，家中人口并不多，成年男子也只有一个，手无缚鸡之力的女人一定无法与强盗对抗。

看到许多人手持棍棒赶来，强盗们便很快逃走了。好在那家人只被抢走了一些财物，人都安然无恙。

不过，经过这一件事，巴清觉得不能再任由强盗猖狂下去了。她决定，拿出一部分家财，组建一支小型的私人武装，既保护丹砂矿的安全，也守卫一方安宁。

巴清组建私人武装的原因，的确是为了保卫自家和乡邻的财物与人身安全。她先是增加了家中仆人的数量，据说，最多的时候，巴清家中的仆人有上千人。一些人生活无着，便也投奔到巴清的门下。

渐渐地，巴清觉得，仆人这似乎起不到保护安全的作用，家中的仆人数量虽多，却大多不懂拳脚功夫。而那些强盗常年在外奔波掳掠，各个都身手极好，一个人可以打几个人。于是，巴清决定，聘请一些懂拳脚功夫、身强力壮的人，作为自己的私人保镖。

这些保镖不仅保护巴清的人身安全，也要负责矿上的安全。

之所以要选择一些懂拳脚功夫的保镖，还有另外一重原因。秦始皇统一六国之后，曾经在全国范围内开展了一场收缴兵器运动。当时秦始皇专门下了一道圣旨，将天下兵器全部收缴到咸阳。并且，在《秦律》里还有一条明文规定："不得私藏兵器，对私藏兵器者实行严惩。"

世人皆知，秦朝的律法以严明著称，巴清自然不敢违抗。既然没有兵器来抵抗盗贼，那么能够依赖的便只有拳脚功夫，最多还能加上一些棍棒一类的武器。

家人曾经劝巴清，虽说国家律法不允许百姓私藏兵器，可巴地距离咸阳毕竟隔着千山万水，即便在家里偷偷藏一些兵器，也不会有人发现。

可巴清不愿冒这个险。她听说，有人因为私藏了一把已经残缺的钝剑，受到了严厉的处罚。秦始皇连一把已经不能再使用的剑都容不下，又怎么可能容忍她在家中私藏大量的兵器？

巴清知道，这些年来为了家族的兴盛，她付出了多少，她绝不能允许好不容易积累起来的财富消失殆尽。哪怕多拿出钱来雇佣一些保镖人手，她也是舍得的。

家人并不理解巴清为什么执意不肯私藏兵器，他们总是担心，如果真的有一大批强盗找上门来，光靠拳脚抵挡不了多久。

可巴清坚持认为，她是商人。商人的目的，就是赚钱，并想办法保全自己的财产。如果因为兵器受到处罚，便得不偿失。一旦私藏兵器，她便要整日为这些兵器提心吊胆，生怕被人发现，放在生意上的精力一定会分散。

最省事的办法，就是多花一些钱，多雇一些保镖。再将管理保镖的事情交给专人去处理，这样巴清就能将时间和精力节省出来。

巴清的想法无疑是正确的，如果拥有足够多的保镖，兵器也就显得不是那样重要了。她需要的，只是保护家人的财产以及生命安全，并不希望兵器为自己招来无端的祸患。

其实，丹砂矿并不需要太多的保镖，只需要有专门的人在夜晚轮流值夜，就能避免盗贼上门。毕竟丹砂不是普通的货物，只有富贵之人才能消费得起。而这些人，大多都知道，丹砂生意是被巴清的家族垄断的，盗贼即便是偷走丹砂，也很难找到销路，反而会引起别人的怀疑。

自从雇了许多保镖之后，丹砂矿再也没有出现过被盗的现象，就连巴清所居住的地方都清净了许多。盗贼们一定是知道巴清的性格，即便是到别家抢掠，巴清也一定不会坐视不管，因此便索性放弃了这个区域。

渐渐地，人人都听说巴清家里保镖众多，这都当作新鲜事讲给别人听，传来传去，就变成了巴清家里有一只庞大的私人武装，巴清得知之后哭笑不得。

其实，真正的保镖数量，并没有人们所传说的那么多。传言说巴清的保镖有上万人，可她哪里有那样多的地方来安置这么多保镖?

人们所说的“保镖”，有很多都是巴清家中的“徒附”，也就是劳役。如果将这些人算在一起，的确有上万之数。不过，巴清也并未刻意去阻止谣言的传播，毕竟这些话传出去，也能对盗贼起到震慑作用，即便是有官家来查，她也问心无愧。

不过，在巴清家里，的确有一间专门用来存放武器的库房。人们总是猜测，那间库房里一定藏着大量的兵器，如果盗贼上门，便会拿出来使用。

每当有人故作神秘地问巴清，那间库房中究竟有多少武器，巴清总是笑而不语。她无须为这件小事做过多解释，别人喜欢猜测，就让他们去猜测好了。

巴清家的这间库房，曾经的确是存放兵器的。在秦始皇统一六国之前，巴蜀之地便是秦国的战略后方，更是秦国最重要的武器和物资生产、供给之地。因为有巴蜀之地的兵器供应，秦国才能在战争中不断地取得胜利。兵器，巴蜀之地的兵器冶炼技术，早已远远超越了其他地区。

经营矿产的巴清家族，自然懂得冶金技术。可以说，巴清的家族是冶炼世家，他们的手中，掌握着当时最先进的冶炼技术，自然也就十分精于兵器的制造。

除了开采丹砂、冶炼水银之外，巴清家族的确做过一阵兵器锻造生意，自然也有专门囤房兵器的库房。所生产出来的兵器，全部供应给秦国的军队，自己家里并不需要。

到了巴清主持家事的时候，这件存放兵器的库房早已经做他用。她所组建的所谓私人武装，其实是并没有任何兵器的“武装”。

可以试想一下，如果巴清真的有一支庞大的私人武装，再配上精良的兵器，以秦始皇的个性，一定会对她产生怀疑，甚至派出大军将巴清的私人武装收缴，又怎么可能容忍她，到最后还给了她“贞妇”的美名。

巴清家族巨额军费

如果能够拥有平静如水的生活，便是上天最大的恩赐。巴清也希望自己能够成为一名淡若静水的女子，可惜，现实无情，太多的事情都需要她来主持。

自从雇了大批家丁与保镖之后，家中的开销便明显增多了不少。一日，巴清正在整理一个月的生意账簿，管家又出现在了门口，手中捧着一本账簿，要给巴清审阅。

那是家丁与保镖的开销账簿。这些家丁与保镖的数目的确不算少，为了解决他们每天吃饭的问题，光是做饭的锅，就用了不少于一百口。为他们做饭的地方，如果放在现在，差不多有一个足球场大小。

每年，巴清都要为家丁和保镖们支付出三千万钱的费用，可是与家族的财产比起来，这些钱简直就是九牛一毛。

对于普通人家来说，这些钱也许一辈子都花不完。可对巴清来说，这些都是小钱。她是自然不会在这些小钱上计较的。只有舍得这些小钱，大钱才能得到保全。

与夫家相比，巴清的家境的确不算富裕，甚至可以称之为微寒。不过，如此的出身，并没有让她变得小家子气。她身上的大气与沉稳，就连许多男子都不能及。

巴清总是能又狠又准地看到商机，从不优柔寡断，总是果断地出手，将商机牢牢抓住。她的财富，也就如同滚雪球一般越滚越大。因此，对于巨大的支出，巴清应付得得心应手。

在秦朝国土上下，几乎所有的丹砂生意都归巴清所有，用“富甲天下”一词来形容巴清，一点都不为过。

在秦始皇第一次听到巴清这个名字时，也曾经听人说，巴清私自招募了一支带有武装的军队。秦始皇有些惊讶，一名以经商为生的女子，为何会需要一支强大的军队？难道她有反秦之心？试图有朝一日起义造反？

这也加快了秦始皇与巴清见面的速度。只需一面，巴清的不卑不亢、泰然自若，就足以让秦始皇认定，这个女人，不会去做招募军队那样的傻事。果然，一番调查之后，那所谓的私人武装，不过是巴清想要保护自家财产，以及保护一方安宁而组建的家丁与保镖队伍而已。

巴清的举动，最多可以算得上是“用财自卫”。她手下的那一支所谓的队伍，没有任何兵器，不过是靠人数与拳脚对盗贼起到震慑作用而已。秦始皇反而有些佩服巴清的头脑与魄力。

在巴清的家乡，人口并不算多。整个县城的人加起来，也不过五万人左右。而巴清的家丁和保镖人数加起来，竟然有近万人，可以说，整个县城的五分之一人口，都是由巴清养活的。

巴清想要的只是安全，并不是所谓的庞大势力。她是一名有野心的女子，不过，她的野心就是保住丈夫留下的一切，让它生生不息地流传下去。

她是一个生意人，要了解的东西，远远不止与生意有关的事务。大秦的法典，是巴清最关注的东西，只要略有空闲，她便会捧着一本法典仔细研读，其中的每一个细节她都不会放过。

在村民口中，巴清是一名“为富能仁”的富商。她用自己雇佣的保镖队伍来保护乡里，如果有谁向她求助，她也总是不吝于伸出援手。

翻阅过管家送来的账本，巴清提起笔，在落款的地方轻轻地勾勒几笔，算作自己已经审阅过，并且认可的证明。她将账本轻轻合上，递回给管家，又埋头于矿上的繁杂账目之中。

身边的侍女拿起小剪刀，剪去了一段已经烧焦的烛心。灯火微微地跳跃了一下，很快便平复下来，比刚刚又明亮了几分。

然而，即便是这样的光亮，依然不能满足巴清。她嘱咐侍女再多点上几根蜡烛，因为她已经看不清账簿上又小又密的字了。

许多乡邻都感叹，像巴清这样的好人，膝下竟然没有一儿半女，这样的生活实在有些寂寞。是啊，巴清是寂寞的，她只能将全部的时间都用在生意上，不让自己有一丝闲暇去思考那些不快乐的事情。

其实，巴清原本可以不这般拼命，即便是积累了数倍家财，最终也只能留给他人。不过，她所做的一切，都是为了完成丈夫未完成的心愿。如此，即便是死后相见，她也能给丈夫一个交代。

她并不特别在乎乡邻们是否以自己为荣，对巴清来说，为乡邻们所做的事情不过是举手之劳而已。

巴清的心境，终究还是淡然的。那样庞大的军费支出，她也能做到眼皮都不眨一下，轻轻挥一挥手中的笔，统统支付。波澜不惊，也许才是生活最丰富的颜色。

礼抗万乘，名显天下

人生的本真，便由心如止水而来。在生活的寂静当中，巴清早已游刃有余，耐得住冷清，守得住的寂寞。

她从未想过，自己也能拥有轰轰烈烈的人生。这并非她的本意。她原本向往的生活，是静安一隅，与心爱之人相伴终老。尘世间的一切喧嚣与繁华，她都不愿去过问。哪怕是生活只围绕在一方庭院当中，养育子女，侍奉丈夫。

然而，命运偏偏要将巴清与“伟大”一词联系在一起。自从秦始皇也愿意对她“礼抗万乘”的那一刻起，巴清的人生，也正式被提高到了另一个高度。

所谓“礼抗万乘”，从字面上理解，是巴清与秦始皇相抗衡，这也是许多人对这一词汇的误读，其实是有万乘至尊的秦始皇，对巴清以平等的礼仪相待的意思。

世间的百姓，哪一个面对秦始皇，不是仰视。秦始皇也早已习惯了高高在上，俯视大秦帝国的一切。唯有对巴清，他做到了平视，这便意味着，在咸阳城的皇宫之中，巴清虽没有秦始皇的权势，但地位是很高的。

没有人能够理解，为什么巴清能够被秦始皇赋予如此高的地位。就连汉代史学家司马迁，也说这是因为巴清拥有足够多的财富。

然而，无论是将财富捐献出来修建长城，还是为秦始皇皇陵提供大量的丹砂和水银，甚至是将自己掌握的冶金方法悉数贡献出来，为大秦帝国锻造桥梁、建筑，都不足以令秦始皇对巴清如此礼遇。

可是普天之下的钱财，如果秦始皇想要得到，又是什么难事？在幅员辽阔的国土之上，找出几个精通冶金的工匠，想必也不会费太多时间。

巴清的特别之处，在于她能够以一名女子之身，同时做出以上几个贡献。并且，她自身所具备的人格魅力，又不得不令秦始皇对她另眼相看。

围绕在秦始皇身边的女人，眼神中都写着对金钱与权势的欲望。无论是金钱，还是权势，似乎只要能满足她们的欲望，她们便愿意在秦始皇的脚下臣服。对于秦始皇来说，稍稍动一动小指，便能赐予她们想要的一切。可是，这些用利益便能交换来的情感，又有什么珍贵？

第一次见到巴清时，秦始皇就被她双眼之中的淡然所震慑。这是一个眼神纯净的女子，在她的脸上，没有任何与欲望有关的东西。

其实，这么多年来，巴清已然超脱。普通人想要通过男人获得的一切，她早已通过自己的努力获得。唯有爱情的夭折，是巴清一生的遗憾。不过，至少在丈夫活着的那几年里，她是真正品尝过爱的，同时也被爱着。因此，她将对爱情的欲望深深地锁在了内心最不易察觉的角落，好好地封存了起来。

于是，巴清变成了一个不易被讨好的女人。她仿佛见识过世间的一切，任何人、事、物，都不能在她的眼神中吹起丝毫的波澜。

足以见得，司马迁认为巴清是凭借财富取得了秦始皇的礼遇，因此而名显天下，是对巴清多么大的误解。

因为没有欲望，所以她在秦始皇的面前是那样不卑不亢。她并不希望通过秦始皇的权势来获得一些什么。相反，也许秦始皇还要求助于她，从她哪里获取一些东西。

事实果然如同巴清料想的一般。不过，她也并未因此而觉得自己高高在上。平和，淡然，已经成为她生命的底色。既然国家需要，那么拿去便是。

因为她坦然，所以令人钦佩。打动秦始皇的，就是巴清眼神中那一抹淡然。

秦始皇觉得，巴清是一个他读不懂的女子。她不希望从自己身上获得些什么，因此，在这个世界上，他们便是两个平等的人。

巴清是以一个“贞妇”的形象存在于秦始皇的心目当中的。自从丈夫死后，巴清的确再未嫁过。这是因为她不仅要守住与丈夫之间这份难得的爱，更是要承担起家族的事业。这所谓的“贞”，并非是巴清保持住了女子的“贞洁”，而是指她坚定不移的意志和操守。

其实，在秦朝，女子丧夫之后再嫁，并非是见不得人的事情。据说，有的女子还不止嫁过一次，甚至有人先后嫁过六个丈夫。

秦始皇觉得，巴清的“贞”，是她对国家的事业所做出的贡献，以及对家族的事业、国家和民族的忠贞不移。

看待普通的女子，秦始皇用的是绝对俯视的视角。在他之前所接触的女子当中，包括他的生母在内，他觉得没有任何一个女子值得他去尊敬。然而，巴清却不同。秦始皇愿意用平视的视角看待她。

经过几次对话，秦始皇更加发现，巴清对许多事情都有独特的见解。

对于巴清，秦始皇有些相见恨晚。他不知道，如果是早些年遇见巴清，自己是否会被她的魅力所折服，甚至无法抑制地爱上这个大自己许多的女人。

不过，秦始皇也有些庆幸，巴清没有在年轻的岁月中遇到自己。如果她真的成为秦始皇身边众多女子中的一个，也许她的身上就不会出现如此多的闪光点。

他宁愿像现在这样，在人生的后半程与她相遇。彼此相处时，能够不留私心，多一份坦然。

爱情，终归是奢侈的东西。秦始皇扪心自问，自己似乎的确不曾真的爱过任何一个女人。如果得到巴清，也许新鲜感过后，也会被他搁置一旁。如果那样，便辜负了这个女子。

巴清也从未遗憾没能成为皇帝的女人。皇帝注定是不会付出爱情的男子，她与丈夫之间的爱情虽然短暂，却真的存在过。那短短的几年，也被她封存于心，铭刻成了永恒。

家乡百姓的感恩

所谓输赢与得失，要看一个人的心境。如若总是事事斤斤计较，将得失时时刻刻挂在嘴边，便注定要输掉美好的情感。

在家乡百姓的心目中，巴清是一位善人，因为她从不计较自己的付出，只愿尽自己所能，为家乡百姓做事。

巴清承认，自己的确是赶上了一段好光景，才将生意做到这么大。甚至可以说，她拥有如今的财富和地位，还要感谢秦始皇的统一六国的野心与魄力。

战争，是需要财富的，一个国家再富有，若遇上连年征战，国库也会消耗殆尽。于是，秦始皇需要笼络一些地方上的富豪，以他们的财富作为他继续征战下去的支撑。

巴清所在的巴渝之地，是秦始皇在统一六国的过程中最看重的地方。当时诸侯国中最强大的国家之一便是楚国，如果将楚国攻克，也就等于灭了其他诸侯国的气焰。而巴渝之地，既是秦始皇统一天下的战略后方，也是秦国军队进攻楚国的前线。

早在公元前316年，巴国就被秦国所灭，从此改称巴郡。巴清的故乡便是巴郡，那里生活着许多少数民族。

巴渝之地，遍布崇山险峻，易守难攻。当年，秦朝曾经与巴人签订盟约，盟约中写道："秦犯夷，输黄龙一双；夷犯秦，输清酒一钟。"

身为商人的巴清，怎么可能放过如此绝佳的时机？因为秦国的重视，巴地便成为战乱之中的一处净土。越是太平的地方，丹砂生意越是好做。

不仅如此，巴清对秦始皇统一六国这件事十分看好，并且她坚信，一旦六国实现统一，丹砂的销路便能得到拓展。可以说，到时候，她的生意会遍及天下。

就在秦始皇利用远交近攻策略实现了统一六国的霸业的同时，巴清也按照自己的计划，一步一步地建立了属于自己的丹砂帝国。

随着财富的积累，巴清也为自己赋予了更多的责任。在当地的商人当中，唯有巴清是对工人最好的。在她手底下工作的人，不仅可以定期休息，还能在休息时拿到工钱；每到节日，巴清都会给工人们放假，并且还自掏腰包为他们买节日所需的物品。

如果她的手下生病，不仅可以休假治病，巴清还会提供一部分医药费，解决他们的后顾之忧。

如果工人们是因工负伤，巴清更是会将医药费全部承担下来。不仅如此，她还会拿出一笔钱，安抚伤者的家属，作为对他们一家人生活的补贴。

在巴地，几乎人人都希望替巴清干活。如此有良心的老板，几乎是世上难觅。

巴清的善良，又何止体现在对待工人上面？对于乡邻，她同样十分照拂。她时常拿出一些钱，来接济贫困的乡邻，只要有人求助于她，无论事情大小，她都会尽力帮助。

巴清家中那支庞大的家丁和保镖队伍，也起到了保护一方平安的作用。于是，乡邻们对巴清十分尊敬，私底下都称她为"活神仙"。

在巴清生活的年代，女子几乎是没有什么地位的。即便是自幼熟读诗书的饱学之士，也大多不将女子放在眼里。而所有的人竟然也认为这样的做法并无任何不妥。

然而，在巴清生活的地方，却没有任何一个人敢轻视她。并非是因为巴清垄断了全国的丹砂生意，也不是因为巴清家里的财富无人能敌，而是因为，巴清的所作所为，彰显了一名女子高尚的品德。她贞节、智慧、冷静、沉稳，又有魄力。更重要的是她无私，她愿意帮助身边的人摆脱困境。

所谓神女，也不过如此。在兵荒马乱的年代，巴清尚能做到处变不惊，不仅守住了丈夫留下来的家业，还让这份家业成倍增长。如果不是具备极高的智慧以及经商天赋，是断然不能做到这一点的。

当地百姓对巴清，既尊敬，又感激。而秦始皇对于巴清的情感，则是强者与强者之间的惺惺相惜。至于司马迁，之所以将巴清写进自己的《史记·货殖列传》，自然也不仅仅因为她的财富。

在《史记》的最后一篇，也就是《太史公自序》中，司马迁讲出了他创作《货殖列传》的理由。其中，司马迁提到："布衣匹夫之人，不害于政，不妨百姓，取与以时而息财富，智者有采焉。"

这便是说，值得被司马迁载入史册的，最首先要符合的条件，便是他（她）本人要是一名"布衣匹夫之人"，也就是普通百姓，而非做官之人。这些靠生产商品或商品贸易为生的普通百姓，是凭借自己的聪明与才智赚钱的。如果他们同时还身为官员，那么难免就有靠政治权力捞取利益的嫌疑。因此，被司马迁看重的商人，一定不能是通过钱权交易致富的人。

第二个条件，便是"不害于政，不妨百姓"。也就是说，这些商人必须是靠合法经营赚钱，而不能违法乱纪，损害国家利益。只有不坑害百姓赚来的钱，才是干净的钱。

第三个条件，便是“智者有采焉”。其中的含义，是这些商人的经营之道以及赚钱的方法值得后人学习，对后人有所启迪和帮助。

大商人巴清，便同时符合了司马迁的这三点要求。其实，她的所作所为，是远远地超出了司马迁的要求。她的善良与善举，虽未被司马迁载入史册，却被世世代代的乡邻铭记于心。

第八章

恒远

永不熄灭的辉煌记忆

最后的愿望与嘱托

崎岖的人生长河，总是凝聚了甜蜜与忧伤。它们幻化成沿途的风景，迷乱了旅人的双眼与心绪。总以为时光永远不老，岁月永远静好。其实，即便清风徐来，过后依然是残花满地。

几年的光景转瞬即逝，身在皇宫之中的巴清，也已经是一名风烛残年的老人。她的脊背，早已不似往日那样挺拔，两鬓的白发，无情地暴露着她的年龄。

她的身体早已不似年轻时那般健康，腿脚更不如从前灵活。偶尔，她也想到寝殿外散散步，不过，只走上一会，她便气喘吁吁，需要侍女的搀扶。

那双清澈的眼睛，也被岁月蒙上了一层浑浊的迷雾。每次，巴清都需要用力地眯起双眼，才能将眼前的人与物看得稍稍清晰一些。

此刻的她，仿佛不是当年那个叱咤风云的女商人，而只是一名病弱的老者，需要旁人的照料，周身也不再散发出当年的英气。

从前，巴清可以一连看上几个时辰的账本，不吃不睡，甚至连水都不喝一口。那些扰得人头疼的细碎账目，在她的头脑中却无比清晰。然而如今，巴清觉得自己的头脑总是昏昏沉沉的。每日天刚放亮，就再也没有睡意。可是，只需坐上一两个时辰，又不知不觉地睡去。

这便是变老的征兆，一旁的侍女也已经习惯了巴清这个样子。有时候，她们也会陪巴清解闷，巴清总是有一搭没一搭地回应着。只要是一会儿听不见巴清的声音，侍女便知道她一定是又睡了。

不过，这一觉的时间总是很短，也许只过了一盏茶的时间，她又会醒来，继续聊着刚刚没有聊完的话题，仿佛什么都不曾发生过，也仿佛她一直都清醒着，根本没有入睡。

巴清这个样子着实可爱，侍女们也总是被刚刚从沉睡中醒来的她逗得笑意盈盈。

岁月虽伛偻了巴清的身形，却从未让她的头脑迷糊。除了偶尔睡去，巴清在大多数时间里还是清醒的。她的一颗心，始终放在家族的生意上面。如今，她已经为自己选好了接班人。可这项生意，她毕竟已经掌管了几十年，还是有些舍不得，更放心不下。

秦始皇还是像从前那样，偶尔来巴清这里坐坐。与巴清相比，稍稍年轻一些的秦始皇依然风华正茂，也依然指点着江山。

巴清与秦始皇之间最多的话题，便是长城与骊山陵的工程进展。有时候，秦始皇也会带来炼制仙丹的道士，与巴清探讨一些炼丹之事。

似乎年纪越大，越能看透生死。死亡对于巴清来说，已经不再可怕。是人总有死的那一日，生老病死，上天自有定数。巴清不禁感叹，秦始皇竟仍没有看透这一点。对于长生不死，他还是那样执着。岂不知，若是真的得到了永生，说不定也是另一种形式的痛苦。

清浅的时光，沾染着阵阵花香。四季总是在不停地轮回，春去秋来，一个寒暑又不知不觉地过去了。当思念再次划过心田，才发现那古老的记忆，早已经褪色。

这一年的冬天，年迈的巴清病倒了。之前，她偶尔也会生病，不过只要悉心调理、按时服药，总会很快康复起来。

这一次，病情来得异常沉重，服了很久的药，依然不见起色。皇宫中的太医也有些束手无策，毕竟巴清的年纪大了，再好的药，放在她的身上也不会太见效。

于是，太医们向秦始皇回禀了巴清的病情。得知事情的秦始皇只是面无表情地挥挥手，让太医退下。当太医的身影消失在大殿的门口，秦始皇的双眼中也早已氤氲起雾气。

将巴清接入宫中赡养的这几年，秦始皇对她已经产生了一种如同弟弟对姐姐般的依赖之情。他虽然不是每天都去探望巴清，可在他内心的某个角落里，是有属于巴清的位置的。

只要想到巴清在皇宫里，在离自己不远的地方，秦始皇就会觉得无比踏实。他有了什么心事，或是遇到什么难题，也愿意与巴清分享，对巴清倾诉。

秦始皇自幼对亲情的缺失，在巴清那里找到了些许的弥补。他觉得，普天之下的女子，唯有巴清对自己是没有任何企图的。她不求金钱，不求权势，不求恩宠，只是无怨无悔地帮助自己完成大业。

他紧紧地闭了闭自己的双眼，将还没有夺眶而出的眼泪生生地逼了回去。他是君王，不能让任何人看到自己脆弱的一面。在外人看来，巴清只不过是一介商人，如果看到皇帝为她的病情而落泪，还不知要传出怎样的谣言。

然而既然得知巴清病重，秦始皇又无论如何不能坐视不理。他无心再处理面前的奏章，立刻起身，赶往巴清的寝殿。

躺在病榻上的巴清，已经完全不见往日的风采。她是那样瘦弱，她的脸色因为生病而变得蜡黄，脸上的褶皱也仿佛更多、更深了一些。因为呼吸不畅，巴清必须张开嘴巴大口呼吸。见到秦始皇进来，她还是挣扎着想要起身行礼。

秦始皇立刻快走几步到巴清的病榻前，轻轻地伸手扶住她，示意她此时不必在意礼节。他柔声地安慰巴清，养好身体是最重要的，并叮嘱身边的侍女好好伺候，又叮嘱巴清一定要按时服药。

正说到此处，负责煎药的侍女端了一碗刚刚煎好的药进来。秦始皇毫不犹豫地接过盛药的碗，用勺子轻轻地搅了搅，让热气散一下。

之后，他用勺子舀起一勺黑稠的药汁，轻轻递到巴清的唇边。皇帝亲自喂药，是多大的荣幸。巴清却并未激动不已，只是微笑着看了看秦始皇，便将一勺药喝了下去。

秦始皇就这样一勺一勺地喂着巴清喝药，直到一碗汤药见底。整个过程，仿佛是在寻常人家，一个弟弟在侍奉姐姐吃药。没有所谓的君王与百姓，只有一对姐弟的亲情浓浓地弥漫在室内。

从那日开始，每隔三五日，秦始皇必会到巴清的寝殿，喂巴清喝药。如果某一日巴清的精神好一些，秦始皇还会多留一会，与她促膝长谈。

这样的光景已经十分难得了，就连巴清自己也知道，自己时日无多了。她很高兴秦始皇依然如此看重自己，这已经让她无比欣慰。

来到皇宫的这几年，秦始皇对待巴清可谓十分用心，日常起居都料理得十分妥帖。然而，皇宫虽好，对于巴清来说，这里却并不是家。唯有远在巴地的那个偏僻小镇，才是养育她的地方。

回家，成了巴清最后的人生中最大的愿望。只是从前的她，不知该如何向秦始皇开口，请求他满足自己的愿望。

如今，巴清知道自己是一名将死之人，也许在有生之年，她注定无法回到家乡了。一日，趁着秦始皇来探望自己，巴清便向秦始皇坦承了自己的想法。

她恳请秦始皇，在她死后，将她的灵柩送回巴地安葬，因为那里有她的家人，更重要的是，那里还有她一生挚爱的丈夫。她告诉秦始皇，这件事，便是她的遗愿。

其实，秦始皇又何尝不知巴清对于家乡的思念。只不过，他一直存着一份私心，不愿让巴清离开。

此时此刻，他却不再愿违背她的愿望，他明白将她的芳魂安葬在家乡，才是对巴清最大的尊重。

怀清台的风沙记忆

记忆里的风沙，划伤了旧梦。凄冷的月色，沧桑了流动的岁月。甜蜜与忧伤，装点了漫漫人生长路。岁月没有尽头，人生却有终点。色彩斑斓的美景，也终将被哀伤的乌云所取代。

与病魔斗争了许久，巴清终于渐渐失去了抵抗的能力。如同一盏点了太久的油灯，外表看着依然如故，内里的油却已经燃到了尽头。所谓油尽灯枯，便是这个道理。

她陷入了深深昏迷当中，一连几天都没有醒过来。秦始皇探望多次，也在巴清的病榻前面守了许久，她依然还是没有要醒来的迹象。

秦始皇已经记不清这是巴清昏迷之后自己第几次来探望了，他坐在病榻旁边，静静地看着巴清陷入昏迷中的脸庞，不知道思绪飞去了哪里，只是静静地出神。

忽然，自巴清的喉咙里传来了一声略带嘶哑的轻哼，紧接着，她的头微微转了一转，双眼便慢慢地睁了开来。

秦始皇兴奋地唤着巴清的名字，仿佛这样的呼唤便能让她好转过来。

也许是昏迷了太长时间，巴清的神智还不能一下子清醒，视线也无法一下子聚焦。她只看到自己面前有一个模糊的高大身影，她想要伸手去摸，无奈手臂却完全没有力气。

那个模糊的身影终于渐渐凝聚成一个清晰的脸庞，当巴清看出那是秦始皇的脸，眼神中出现了些许欣慰的神色。这一生，能有一位皇帝对自己的生死忧心，巴清觉得也算是值了。

不过，对于家乡的思念，此刻变得越发浓烈。她希望再次确认一下，秦始皇答应自己死后还乡，便用尽全身力气，想要张口说话。

可是努力了好一会，喉咙中只发出了几声嘶哑的声音。秦始皇从那声音中断断续续地听到“回家”二字，便知道，巴清一定是在向自己做最后的求证。

他郑重地答应巴清，一定会将她的棺椁送回家乡。巴清这才心满意足地闭上双眼，再次陷入了沉沉的昏迷。

与其说是昏迷，不如说是巴清进入了梦乡。她的梦中，出现了一个熟悉的身影，熟悉得让巴清简直不敢相信。梦中的自己，也回到了年轻时的模样，她的脚步是那样轻快，几乎是奔跑着去到那个熟悉的身影旁边。

那个身影也许是感觉到了巴清的靠近，慢慢地转过身来。他转身的过程在巴清看来是那样久，她也能清楚地听到自己的心跳，剧烈得仿佛要跳出胸膛。

那个身影终于出现在了巴清面前。没错，就是他，那个无数次出现在梦中的身影，那个让巴清日思夜想了几十年的人。他就是巴清的丈夫，他的脸上带着宠溺的笑容，轻轻伸出手来，示意着巴清将自己的手放到他的手掌当中。

巴清毫不犹豫地握住丈夫的手，他轻轻地拉着巴清，似乎要去往什么地方。几十年来，巴清从未像此刻这样安心，她坦然地将自己交给丈夫，任由他牵着自己。

眼前的场景一变换，出现的竟然是家中的场景。那是她与丈夫一同生活过的地方，即便是丈夫离世之后，巴清也在这里守了几十年的光景。

原来，丈夫是来接自己回家的。巴清的脸上，终于出现了几十年都未出现过的甜蜜神色。

秦始皇看着在病榻上沉睡的巴清，竟然露出如同少女般甜蜜的微笑，并不知道发生了什么，便又看到巴清的胸口剧烈地起伏了一下，之后就彻底平静了。

巴清就这样在甜美的梦境中停止了呼吸，她走得是那样平静，那样安详，甚至还带有些许欢愉。也许，几十年来，巴清等待的就是与丈夫重逢的那一刻。唯有和丈夫待在一起，才能让她感觉到安全，感觉到自己是个有人保护的女人。

为了遵守对巴清生前的承诺，秦始皇下旨，将巴清的棺椁送回巴地，也就是长寿龙山寨好好安葬。秦朝一代女商人，也终于结束了她跌宕起伏的人生。

佛家云："万物皆因缘而生。"人与人之间的相遇，便是缘分。秦始皇与巴清之间的缘分，在此时画上了句点。可秦始皇知道，自己永远也无法忘记这个为国家与自己做出过巨大贡献的女子，他一定要用某种特殊的方式好好地纪念她。

秦始皇遵照巴清的遗愿，将她的棺椁送回了巴地。与此同时，他也决定，要在那里修建一座台，作为对巴清的纪念。那座台，用巴清的名字来命名，就叫"怀清台"，也就是怀念巴清的意思。

当年，秦始皇为巴清仗义疏财、保家卫国的大义之举而深深感动，特地下旨封她为"贞妇"，以表彰巴清的忠贞爱国之心。后来，他又将巴清接入皇宫居住，并非是像外界传言的那样，要将天下的富豪都软禁在咸阳城中。

秦始皇是为了给晚年的巴清提供一个依靠。她的丈夫早亡，一生没有子嗣，如果到了老年，身边没人照顾，岂不是孤苦无依？

他依然能回忆起自己与巴清第一次见面的情形。她是那样不卑不亢，每一步都走得那样沉稳。虽然在君王面前，她只能一直低着头，可即便如此，秦始皇依然能感受到从她身上散发出来的自信。

秦始皇从未见过像巴清这样的女子，他给了她极大的尊重，甚至连秦始皇的生母都没能享受到那样的礼遇。

巴清的所作所为，值得秦始皇去敬重。丈夫去世之后，巴清并没有带着家财一走了之，旁嫁他人，而是以弱女子之身，承担起家族的责任。这样的女人何其可敬，值得天下女子将其作为榜样来效仿。

在秦始皇的心目中，巴清的地位已经超出了世间所有的女性。“贞妇”，是秦始皇为女子做出过的最高评价。巴清在皇宫中的日子，秦始皇一直将她当作贵客来对待。能得到秦始皇如此礼遇的，整个天下便只有巴清一人。

据说，在巴清的丈夫刚刚离世的时候，巴清家中已经没有强壮的男子。族人中，大多是老弱妇孺，为了他们的生计，巴清才毅然决然地挑起家族的重担。

巴清的所作所为，总是能让秦始皇将她与赵姬进行对比。同样是失去丈夫的女人，她们所作所为实在是有天差地壤之别。一个为了家族的生计和对丈夫的感情，甘愿一生独守空房；另一个却与人偷偷私会，生下两个儿子，还要谋害身为皇帝的长子。

生母赵姬，给秦始皇造成了一生的痛。寡妇巴清，却赢得了秦始皇一生的尊重。

佛家又说：“万物皆因缘而灭。”当缘分终了，曾经发生的一切都终将沦为泡影。巴清从这个世界上永远地消失了，可她的名字，却永远地被秦始皇铭记于心中。

秦始皇下令修建的那座高台，很快就在巴清的墓地旁边矗立了起来。秦始皇亲自提笔，在高台上写下“怀清台”三个大字，他的无限哀思与怀念，便寄托在这三个字之中。

闪耀在长寿的星辉

夜空中的星辉，璀璨了这锦瑟年华。一颗星在天际悄无声息地陨落，映衬了一张渐渐模糊的容颜。一弯明月，以亘古不变的姿态俯瞰着众生，那颗陨落的星，在天际划出一道清晰的弧度，分明在诉说着对人间的眷恋。

巴地的龙山寨，便是巴清最后安歇的地方。那里山势陡峭，遍植橘林。在茂密的橘林深处，有一座长方形的高台。这便是秦始皇为巴清修建的怀清台。千百年来，这座高台一直守护在巴清的墓地旁边，静静地陪伴着巴清度过漫长的岁月。

龙山寨所在的位置，便是如今的重庆长寿区，同为长寿人的李开先，凭借一首诗，让怀清台与巴寡妇清墓成为“长寿八景”之一。

怀抱着龙山寨的，是一座龙寨山。因为巴寡妇清墓和怀清台的存在，人们也将这里叫做清台山，也有人将这里称为贞女山。

这座山靠着长江，山势十分壮观。它的周围没有其他山，因此，龙寨山便成了一座耸立的孤峰。

走上龙寨山，便可进入龙山寨，从这里就可以眺望整个长寿城区，滔滔长江之水，就在山脚下亘古流淌。如果巴清泉下有知，想必也会对自己的这个最后容身之处满意吧。

巴清离世之时，这里还不叫长寿。从元代开始，才正式更名为长寿，一用就是几百年。

放眼整个华夏大地，只有巴清最后安歇之处被命名为长寿。在历史上，也有一些地方与长寿同名，不过都因为重庆长寿的存在，而最终更改了名称。

由于年代久远，怀清台已遭到严重损坏，为了弥补这个遗憾，许多专家学者们决定对怀清台进行复建。

巴清与重庆长寿，已经成为一个不可分割的整体。每当想起巴清，人们便希望能再睹怀清台的风姿。怀清台的存在，已经不仅仅是代表巴清的一个符号，它更代表着历史的传承，以及世人对历史的尊重。

只可惜，怀清台原址所在的位置，已经不再适合怀清台的复建。为了让怀清台所在的地方能更接近于古时的环境氛围，避免历史文化信息的丢失，需要为它重新挑选一个更合适的地方，将当年那段历史重现给世人。

巴清墓室之谜

在生命中用光阴镌刻下涓涓流淌的诗词，雕刻出最美好的心事。时光变迁，岁月安暖，陌上花开，珍惜每一个生命的遇见。即便人生的旅途已经走到终点，后人也会对那些未知的往事心怀一份期待。

巴清的故事，似乎已经告一段落。她的一生，给后世留下了太多未解之谜，尤其是司马迁在《史记·货殖列传》中留下的寥寥数语，更是引来了大家的好奇。虽然司马迁对巴清的描述并不算详细，但人们猜测，一个身处偏远之地，从事丹砂开采经营的寡妇，能够得到秦始皇赐予的如此优渥待遇，必定是一位叱咤风云的商界骄子。

秦始皇为巴清安排的葬礼十分隆重，当地乡邻听说巴清离世，许多人都自发地前来悼念。他们无法来到葬礼的近前，因为秦始皇对巴清的重视，自然不会允许闲杂人等来搅扰她的安宁。

当葬礼归于宁静，一些在巴清生前得到过她的资助的百姓，便陆续赶来祭奠。人们将巴清的坟墓称作“寡妇坟”，其中并无半点不尊重的意思，因为巴清生前的贞节，“寡妇”已经成为她的身份标志，这样称呼，也能显得百姓与她之间的感情更加深厚。

两千多年的时光，时而祥和，时而跌宕地流淌。巴清就在秦始皇为她打造的墓穴中安睡了两千多年，这期间，也有许多人有心或是无意地打扰她的沉睡。前尘往事早已化作千树万树的落花，夹杂着悠悠的清香，缠绵着属于巴清的故事。

时至今日，因为城市建设的需要，巴清在长寿龙山寨的墓地已经被夷为平地。然而，世人不愿这位颠覆了秦代商界的女子就这样淹没在历史的车轮之下。为了让巴清的名字和故事能够继续感动后人，人们决定对巴清的墓穴进行抢救性的整体搬迁。

曾经与巴清成为乡邻的人们也早已作古，他们的后代在这里一代又一代地繁衍，每个人都是品读着巴清的故事成长起来的。他们都在心中暗暗敬服巴清的创举，当为巴清迁移坟墓的起重机从临时开辟的土路上开到“寡妇坟”的近前时，当地的居民们纷纷忍不住走出家门，想要见证这历史性的时刻。

他们看着许多工作人员在经过漫长而又细致的准备之后，将从坟墓中取出的一些物品用棉絮层层包裹，再用麻绳密密缠绕，最后固定在起重机上，将其吊起、拉走。

然而，令他们感到疑惑的是，那些被拉走的东西，竟然只有一块块巨大的条石。除此之外，再无他物，甚至没有巴清的棺椁，更没有巴清在两千多年前留下的遗骸。

那些条石，是当地百姓从小就见惯了的。石头上刻着花朵和鹿的图案，隐隐约约还能看出雕刻的一些人形。他们从小就听长辈们讲述巴清的故事，可是，直到坟墓动迁的那一刻，人们才忽然产生了些许疑问，这里是否真的是巴清的墓穴？

石头上雕刻的图案，也引来了专家们的好奇。从图案上看，这座墓穴似乎应该建于元末明初年间，这与巴清所生活的秦朝相差了一千五百多年。没有人知道在这么长的时间里，巴清的墓穴到底发生了什么，更不知道这原本属于巴清的安居之所，是否已被他人取而代之了。

从唐朝，巴清的这座墓穴就已经得到了公开的确认。在流传于世的历史典籍当中，有关巴清的那段历史，以及巴清的墓穴所在地就已经记录在册。即便是到了北宋时期，巴清的墓穴遗址还是完整地保存着的，北宋的史书与地方志也都对其进行了详细的记载。

这让专家们确信，这里就是巴清的坟墓。然而，又一样物证，再次引发了专家们的怀疑。

除了条石，墓穴中还出土了一些文物。不过分析这些文物的年代，却发现是属于明代与清代。这又与巴清生活的年代对不上号，为了证明这里的确是巴清的墓穴，还有太多的疑问需要去验证。

从巴清墓穴出土的那些条石，用上面雕刻的图案在默默地向世人诉说着埋葬了的往事。至于那些无声的话语究竟在讲述什么样的故事，还需要后人用心去慢慢解读。

从巴清的墓穴现状来看，两千多年来，这里一定遭受过多次挖掘、重建，甚至盗墓。里面原有的许多东西，如今都已经杳无踪迹。能够从中找出一些端倪的，唯有那些被层层棉絮包裹着吊出墓穴的条石。

那些条石被吊出巴清墓穴之后，便被安置在了一处稳妥的地方，位于重庆长寿区望江路的一侧，面对着波涛滚滚的长江。

那座与长江相互守望的建筑，已经显得有些陈旧。建筑内的楼梯，也显得有些昏暗。那些巨大的条石，就被安放在一个一百多平方米的院子当中。每一块条石的重量，都至少有一吨，有些甚至达到两吨。

它们在这座院子中静静地躺着，一些青苔藤蔓已经悄悄地爬到了条石之上，与它们默默地作伴。

除了这些条石，当时从巴清墓穴当中出土的文物，便只有一些瓷器碎片。可惜，这些瓷器碎片与秦朝也没有半点关系。

在巴清死后，盗墓者一度十分猖獗。许多古老的墓穴都曾经留下过盗墓者的足迹，他们走后，墓穴中的许多珍贵文物便不翼而飞。

专家们觉得，也许是巴清的墓穴经过屡次盗墓者的搜刮之后，已经遭到了严重的破坏，所剩之物已经寥寥无几。到了元末明初时期，有人不忍心一代女商的墓穴如此千疮百孔，便出资对其进行了重新修建，这便是那些条石诞生于元末明初时期的原因。

在重建巴清墓穴的同时，人们也许又在墓穴中填充了部分瓷器作为陪葬。可惜，在墓穴重建之后，闻风而来的盗墓者再一次偷走了大部分的瓷器，唯有已经破损掉的瓷器，以及无法搬走的巨大条石，成了墓穴中唯一的幸存者。

然而，这些也只是推测而已。究竟巴清的墓穴在两千多年之间发生了什么，已经没人能够详细地讲述出来。

在中国的商业历史上，巴清实在太过特殊。即便是她的墓穴确切位置已不可考，她的棺椁与遗骸也已经不见踪影，巴清在历史上留下的创举，也是不应该被后人遗忘的。

在距离巴清墓穴原址两公里远的地方，坐落着长寿长江大桥，位于桥头的狮子山，曾经被列为巴清墓穴的重建之处。为了纪念巴清，那里也即将打造成一座占地约一百五十亩的文化公园，公园的名字，也可能依然会叫“怀清台”。

生活在重庆长寿区的百姓，已经将巴清当作长寿的骄傲。

如果巴清泉下有知，想必也会露出欣慰的微笑。她就像流落凡间的一颗种子，在中华的大地上落地生根，在一段难忘的故事中开花结果，静静地守于一隅，在人间留下暗香浮动，在岁月中静静地伫立成风景，成为透彻心扉的感悟。